蘭臺國學研究叢刊 第一輯 3

異夢選編

毛鵬基 編著

LITERARY TIMES
蘭臺出版社

總序

夫國學者，一國固有之學術思想也；此乃民族精神之所基，國家靈魂之所依，文化命脈之所寄。吾泱泱中華之所以卓然傲立於世數千載，端賴於此道統思想薪火相傳，燈燈無盡，代代傳衍，不絕如縷。故四大文明古國，獨中國存世於今，此誠世界文明之奇蹟，亦吾國歷代知識份子之功也。然自清末列強交侵，民初之「五四運動」以來，西潮如浪，澎湃洶湧，傳統之學術思想受到極大的衝擊，頗有「經書緒亂，書缺簡脫，禮壞樂崩」之勢。

中國自上古時代起即有史官記事之傳統，綿歷於今數千年不衰；歷代知識份子亦皆有傳承道統思想之自覺。傳統學術思想之傳承，有賴於斯。更切要者，乃在中國傳統之學術思想與人生關係密切，無一不可於日常生活中確實篤行，且隨其歲月歷練淺深之不同，而有不同之感悟，如張潮於《幽夢影》中所言：「少年讀書，如隙中窺月；中年讀書，如庭中觀月；老年讀書，如臺上玩月，皆以閱歷之淺深，為所得之淺深耳。」此乃吾國學術思想之特色和引人入勝處，亦是與西方之純哲學與人生決無關涉所不同者。

於今物質勃發，人心飄搖無著之際，中國哲學當有所裨益於世，所謂「求其放心」，進而能「為天地立心，為生民立命；為往聖繼絕學，為萬世開太平」。更有甚者，在於一國之復興，必先待國學之復興；一國之強盛，必先待國學之強盛！未見一國之富強而國學不興盛者。國學興盛，民族精神方有基礎，國家靈魂方有依憑，文化命脈方有寄託。

蘭臺於此時出版「蘭臺國學研究叢刊」，除傳承固有之國學命脈，亦是為故國招魂，更深信東方哲學是本世紀人類文化的出路，在舊傳統裡尋找新智慧，將大有益於世。希冀此叢刊的出版，能收「雲蒸霧散，興化致理，鴻猷克贊」之效。

蘭臺出版社

毛鵬基教授全集序

毛鵬基教授，江蘇宜興人，民國前三年（1909）生，享壽八十六歲。家世耕讀，1928年入「無錫國學專門學院」，後改為「無錫國學專修學校」，畢業旋即攷入上海商務印書館編審部工作，與同學王紹曾等人參與校印「四部叢刊」、「百衲本二十四史」等巨著。於先秦學術思想興趣濃厚，用力最多，在商務印書館任內廣泛涉獵，曾與同學馮書耕有約：共同編寫「四部鑰」，為「四部叢刊」提要勾玄，作為導讀，經七年努力，已近完成。怎奈抗戰軍興，回鄉率領青少年子弟毛鴻基等二十餘人，徒步向大後方轉進，經長途跋涉，多次涉險，終於抵達重慶，曾有「避難日記」，詳加敘述，可惜早已佚失，余幼時於父摯輩閒談中，尚略聞一二。「四部鑰」的原始文稿，也在日後的遷徙中丟失，曾為此懊惱不已。

文化和教育乃國家命脈所繫，重慶商務印書館是當時全國最大的出版機構，日寇軍機多次地毯式轟炸，商務印書館也是重要目標，在一次轟炸中，曾險些喪命。旋應召從軍，帶筆從戎；抗戰勝利，受聘南京國民大會祕書，尚未到職又奉命隻身來台在警備總部，創辦「民眾服務站」，擔起民眾組訓與調解糾紛之責，與當時工商業者相知甚稔，因熱忱服務，清廉自持，普受民眾信賴和敬重。以上校副處長除役，轉任黨職，在臺北市黨部工作時與同事馬鶴凌，理念相同，相知相惜。分離多年後，在芝山岩相遇，曾蒙題詩相贈，玆錄於后：

歸隱泥塗意自如，芝山岩下結廬居。聖徒舊是薪傳者，嘯傲林泉合著書。
菊徑松坡扉半開，扶筇親引故人來。烹茶細說還山後，傳道傳經亦快哉。
一別都門廿五年，舊時風骨更清堅。欣聞徹夜燃藜事，想見山居不羨仙。
我亦泥塗衛道人，甘為赤子老風塵。海天握手情何限，放眼乾坤且自珍。

在離開黨職後，重回學術天地，應張其昀之聘在文化學院任教，即今之中國文化大學，近三十年之久。其間曾自設「雅言出版社」，便利出刊國學專書。

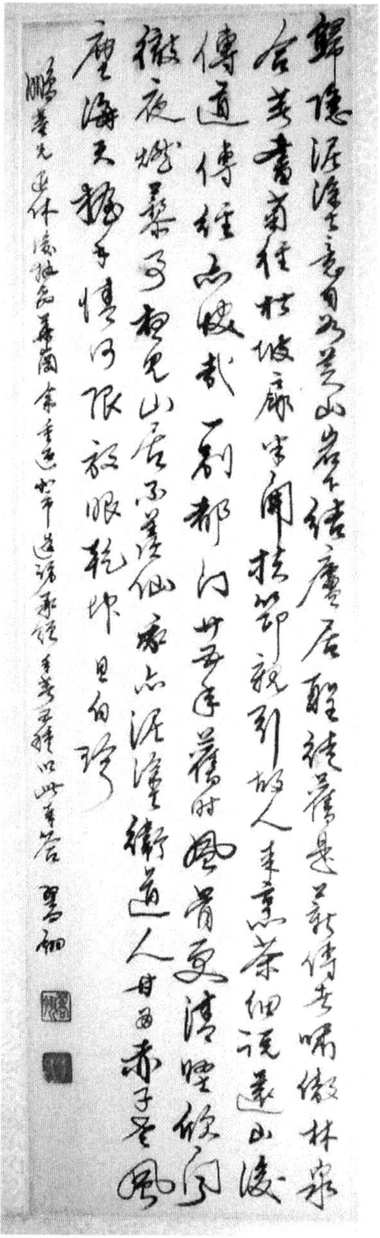

馬鶴凌〔翯翎〕先生題詩

無錫國專與民國以來國學的命脈密不可分，校長唐文治，字蔚芝，以救國救民為宗旨，抱捨我其誰的胸襟，以堅毅不撓之精神，首先創辦南洋大學，師法西洋，發展科技；繼而創辦無錫國專，傳承優良固有文化。科技與人文並重，希冀本末兼治，特從教育著手，致力培植振興國家民族的基礎人才。抗戰時期，國專也輾轉搬遷，雖然物質條件極度困窘，顛沛流離，仍弦歌不輟，絕不放棄！而唐校長當時雙眼已失明，靠助教為其讀文和板書，加上嚴重的糖尿病，身體衰弱，但仍親自授課！

錫國專招生，除嚴格筆試之外，唐校長都親自口試，精挑細選，入學者絕無僥倖，因此招生不多，卻人才輩出。「敦品勵節，修身養性」，是國專所強調的，非但在平時，而在危難之時，尤其能堅持不違。自校長以下，教師與學生都能以「孰讀精審，循序漸進，虛心涵泳，切己體察。」作為辦校和求學的圭臬。新生入學先求博覽，厚植基礎之後，再由博返約，集中在興趣相近的專項，不抄捷徑，不尚空談，不趨時尚，不畏批判，都能以發揚我國固有文明，為「舍我其誰」的終身職志！基於國專的傳統，畢業生在社會上給人的觀感，當然與眾不同。雖然不是個個「博古通今，學究天人」，但是都可以稱得上經師人師，足以表率群倫！

中華文化以人為本，重點在講求個人和社會的和諧關係，強調的就是「人倫」，是最務實的哲理。禮義道德為人生的基址，知識學問如同建築在基址上的屋宇。沒有強固的基礎，不可能有宏大的建築；沒有道德的人，學問反而更助其為惡。知識份子要學以致用，濟世利民，不泥古，不矯情，不欺暗室，去偽存誠，躬行實踐，為民表率！文化涵蓋生活中的一切，包括物質和精神兩個層面：有從橫切面看到某一時期的社會，也有從縱切面看到歷史的演變。其中支配著整個文化進程的，就是人文思想。中華文化在先秦，就已有多樣而且成熟的哲思，有文字記錄在典籍，延續了數千年之久，是世界文明史上最光輝的一頁。歷代的戰禍，對古籍的破壞，固然是無可彌補的損失，而近世國人對自身文化的蔑視，才是最大的危機！

整理古籍是目前當務之急，若不能將有學術價值的著述保存下來，時間一久就會被遺忘，甚至被煙滅。普及國學，不能祇喊口號，第一件事就要保存古籍，但是古籍浩瀚，要能精擇細選，避免遺珠之憾。第二步是要整理古籍，把內容散亂的重新編排，使之易於閱讀，便利初學者。第三步，在古籍的基礎上，配合當代的環境，闡發其精義，而不是以現代人的眼光，作狂妄的批判。有人認為，社會不斷在進步，為什麼要抱殘守缺，應該順應新時代的潮流。乍看似乎有理，但若以生物演化的速度來看，幾千年或幾萬年，在自然界只算是一瞬間而已，人類在最近一萬年內基因結構的改變，實在微乎其微。雖然人類發明了許多前人沒有的工藝技術，物質條件不斷改進中，但是今人和兩三千年前古人的遺傳基因並無差異！人與人相處的基本關係，並沒有改變：人們要追求理性和平的社會，要仰賴互助合作的關係，要父慈子孝兄友弟恭的親情，要誠信互敬的友誼，要有關心民生疾苦的政府，要有道德素養高深的領袖，諸如此類，並沒有今古或中外之別！那麼為什麼要拒絕學習前人的智慧？排斥先人的教訓？

「博學、審問、慎思、明辨、篤行」，是做學問的步驟，以現代語言來說，就是要大量涉獵，小心假設、虛心求證、實踐篤行。先要大量收集資料，瞭解其中的內容，有了充分的背景資料，再小心選定要探討的主題。主題的選定非常重要，不可以輕率大膽假設，若是弄錯方向，將是失之毫厘，差之千里。經過了謹慎思攷和研討，虛心接受事實，証明真相，確認無誤，就要切實奉行。

書固然要博要精，更重要的是能融會貫通：通情達理，捨短取長，師法先哲，以為己用。先秦諸子百家，處衰周之亂世，其言論皆以救世濟民，除弊安邦為宗旨。著眼處不同，主張也相異，做法當然也不一樣。春秋戰國是中國文化史上的大黃金時代，百家爭鳴，門戶各立，各是其是，而非其所非。各家主張自有獨到之處，但也難免一偏之譏。「諸子十家平議述要」，扼要說明各家立論的主旨和矯正當時社會亂象的方法。就各家相互批評和爭議之中，整理出各家學說的優劣點。實際上，百家之說雖然不同調，甚至相互譏評，勢同水火，但各有所用，如偏執於一家之言，就會像沈滯於泥濘之中，難以自拔。反之，若能摘取各家之長，偏者裁之，缺者補之，各家都可取法；相反又能相成，相滅亦能相生！

「論孟會通」是「論語會通」和「孟子會通」兩書的合訂本。古本論語因編次體例，均無定則，學者茫無頭緒，教者也難作有系統之講述。論語為孔子學說之精髓，孟子一書則為繼孔子之後，最能發揚儒家精神的代表，均為研習固有文化學術所必讀。為便於研習與講述，經過重新編目，以類相從，次第相關，各有所歸，不需苦思力索，即能得其融會貫通。

不語：怪力亂神，並非否定其存在，而是對未知事物，持保留態度，並非劃地自限。以孔子的智慧，尚且無法解釋許多現象，所謂知之為知之，不知為不知，不強不知為知。對一般人而言，實在沒有必要在這些方面浪費時間和精力。「齊諧選編」與「異夢選編」二書，是把古人神道設教的精神，加以宣揚，以勸善濟世存心，在物慾橫流人性墮落之世，有矯正世俗的偏差，端正人心的作用，千萬毋以迷信視之。迷信是若本無其事，卻盲從而附會之；

若確有其事，經親身體驗之奇事，不能因無法解釋，而歸之於迷信。兩書之編，旨在鍼薄俗而砭澆世，藉以有所警惕，亦有助於教化。

「傳記文述評」一書，為「傳記」與「文」正名，攷鏡源流，區別傳記文為經學、歷史、文學三大類，並詳述其原起、流裔、作法等，為傳記文體之特識創獲。

臺北市「蘭臺出版社」為宏揚中華文明，不計工本，重刊民國以來國學專著，不使日久湮滅，厥功至偉。為所當為，勇氣可嘉！謹向盧瑞琴女士與蘭臺全體仝人致敬！

中華民國壹佰零壹年壬辰上元日毛文熊謹記於臺北旅次

敍例

神遇為夢，接形為事，故晝想夜夢，神形所遇，雖昔聖哲，亦不例外。黃帝夢遊華胥，武丁夢賜良弼，文王夢飛熊，孔子夢周公。莊子雖云至人無夢，而亦自言夢為蝴蝶。

夷考載籍，奇異之夢，千狀百態，凡世所未有者，輒能於夢中見之。其吉凶禍福，歷歷不爽，難以悉數。惟禍福無門，唯人所召。雖有凶兆，如能修德行仁以禳之，亦可化凶而為吉。故新序云：「諸侯夢惡則修德，大夫夢惡則修官，士夢惡則修身」。又云：「神不勝道，妖不勝德」。潛夫論亦云：「見瑞而修德者，福必成；見瑞而縱恣者，福轉為禍。見妖而驕侮者，禍必成；見妖而戒懼者，禍轉為福」。於此可知：凡有異夢感心，以及人之吉凶，相之氣色，無問善惡，常恐懼修省，以德迎之，乃其逢吉，天祿永終。故周禮卜人掌三夢之法，而占六夢之吉凶，所以嚴省察而資修治，非徒然也。

爰本斯旨，博稽載籍，輯成是編。首述致夢之因，次述歷來占夢解夢之法；並附顯著事例，以資參稽。再次類述各種吉凶禍福之異夢，俾閱者預燭先機，戒懼修省，趨吉避凶，知所從違。

本編取材，以經傳史志、諸子百家、以及歷代名人文集筆記，足以為勸為戒，可歌可泣者為主。慎擇約取，不敢掉以輕心。其或情節雖俶詭奇譎，危言聳聽，而其旨趣歸於醇正者，亦慎選甄錄。

他若杜撰虛構，寓言假託，甚至意存詆毀，誨淫誨盜，有害心術無裨世道者，則均置不論。有道君子，倘不視同怪誕而見擯，則對江河日下之人心，抑或有涓滴之助歟？

中華民國六十一年十月三十一日　宜興毛鵬基於臺北旅次

目次

異夢選編

第一篇　通論

第一章　致夢原因

致夢原因，古來傳說紛紜，茲擇要引述如次：

列子云：「一體之盈虛消息，皆通於天，應物於類。故陰氣壯，則夢涉大水而恐懼。陽氣壯，則夢大火而爟燒。陰陽俱壯，則夢生殺。甚飽則夢予，甚饑則夢取。是以浮虛爲疾者，則夢揚。以沈實爲疾者，則夢溺。藉帶而寢，則夢蛇。飛鳥銜髮，則夢飛。將陰夢水，將晴夢火，將疾夢食。飲酒者憂，歌舞者哭。」稗史云：「夢者靜之動也，人之神，寤則䚨，寐則闔。闔而動焉，夢之所由生也。」內經云：「肝氣盛，則夢怒。肺氣盛，則夢哭。」調神論云：「凡夢，皆緣魂魄……，夜則魂魄虛靜，神將告以方來吉凶，而夢生焉。半夜前夢，其事應在遠。半夜後夢，其事應在近也。」紀文達公云：「按人之有夢，其故難明。世說載衛玠問樂令夢，樂云：是想，又云是因。而未深明其所以然。

戊午夏，扈從灤陽，與伊子墨卿，以理推求：有念所專注，凝神生象，是爲意識所造之夢，孔子夢周公是也；有禍福將至，朕兆先萌，與見乎蓍龜，動乎四體同，是爲氣機所感之夢，孔子夢奠兩楹是也；其或心緒紛亂，精神恍惚，心無定主，遂現種種幻形；如病者之見鬼，眩者之生花，此意想之歧出者也。吉凶未著，鬼神前知，以象顯示，以言微寓，此氣機之旁召者也。雖變化杳冥，千態萬狀，其大端似不外此。」

觀上所述，可知夢之起因，是由於感變。列子云：「不識感變之所起者，事至則惑其所由然。識其感變之所起者，事至則知其所由然。知其所由然，則無所怛。」是則吾人對於致夢之因，不可不先知也。

第二章 夢之種類

夢之種類，亦傳說不一，列子、及稗史等書，均有記述，要以潛夫論所言，較爲詳備：

潛夫論云：「凡夢，有直、有象、有精、有想、有人、有反、有感、有時、有病、有性：在昔武王邑姜，方震太叔，夢帝謂己：『命爾子虞，而與之唐。』及生，手掌有文曰：『虞』，因以爲名。成王滅唐，遂以封之。此謂直德之夢也。詩云：「維熊維羆，男子之祥。維虺維蛇，女子之祥。衆維魚矣，實維豐年。旐維旟矣，室家蓁蓁。」此謂象之夢也。孔子生於亂世，日思周公之德，夜即夢之，此謂意精之夢也。人有所思，即夢其到。有憂，即夢其事。此謂記想之夢也。同事，貴人夢之即爲祥，賤人夢之即爲妖。君子夢之即爲榮，小人夢之即爲辱。此謂人位之夢也。晉文公于城濮之戰，夢楚子伏己而盬其腦，是大惡也；及戰乃大勝。此謂極反之夢也。陰雨之夢，使人厭迷，陽之夢，使人亂離。大寒之夢，使人怨悲。大風之夢，使人飄飛。此謂感氣之夢也。春夢發生，夏夢高明，秋冬夢熟藏，此謂應時之夢也。陰病夢寒，陽病夢熱，內病夢亂，外病夢發，百病之夢，或散或集。此謂病氣之夢也。人之心情，好惡不同，或以此吉，或以此凶，當各自察，常占所從。此謂性情之夢也。

第三章　占夢之法

占夢之術，見仁見智，似難一致。維古時有專司之官，自來對於是術，殊多經驗之談，爰擇要簡述如次：

潛夫論云：凡察夢之大體，清潔鮮好，體貌堅健，竹木茂美，宮室器械，新成方正，開通光明，溫和升上，向興之象；皆爲吉慶，謀從事成。諸臭汙腐爛，枯槁暗霧，傾倚欹邪，劓刖不安，閉塞幽昧，解落墜下，向衰之象，皆爲凶惡；計謀不從，擧事不成。妖孽怪異，可憎可惡之事，皆爲憂。圖畫卵胎，刻漏非眞，瓦器虛空，皆爲見欺紿。倡優俳舞，及小兒所戲弄之象，皆爲歡笑。此其大部也。但夢有徵，有不徵，有人徵，有人不徵，非可一概而論。蓋人心至靈，然有眞有妄，故其夢或徵或無徵，或可徵或不必徵。且人對計事，起而行之，尚有不從；況于恍忽雜夢，亦可必乎？惟其時有精誠之所感薄，神靈之所告者，乃有占耳。

閱微草堂筆記云：至占夢之說，見於周禮，事近祈禳，禮參巫覡，頗為攻周禮者所疑。然其文亦見於小雅，大人占之，固鑿然古經。載籍所傳，雖不免多所附會，要亦實有此術也。惟是男女之愛，骨肉之情，有凝結思念，終不一夢者，則意識有時不能造，倉卒之患，意外之福，有忽至而不知者，則氣機有時未必感。且天下之人，如恒河沙數，鬼神何獨示夢於此人？此人一生得失，亦必不一，何獨示夢於此。且事不可洩，何必示之？既示之矣，而又隱以不可知之象，疑以不可解之語，是鬼神日日造謎語，不已勞乎？事關重大，示以夢可也，而猥瑣小事，亦相告語，不亦褻乎？大抵通其所可通，其不可通者，置而不論可矣。

以上二說，均謂夢雖人人皆有，但不必夢夢有徵。有精誠之所感薄，神靈方告之者。至猥瑣小事，亦不告也。

第四章 解夢舉例

爲便於瞭解古來占夢解夢之法，特先舉例說明。如以此類推，則於是術，思過半矣。

夢拔羊角尾

漢沛公爲亭長時，夜夢逐一羊，拔其角，尾且落。解曰：「羊去角尾，乃王字也。」後果爲漢王。以應此兆也。（稗史）

夢無左手

隨文帝未貴時，常舟行江中，夜泊，夢無左手。及覺，甚惡之。及登岸，詣一草庵中，有一老僧，道極高，具以夢告之。僧起賀曰：「無左手者，獨拳也，當爲天子。」後帝

興建此庵為吉祥寺，居武昌下三十里。（獨異志）

夢身為羣蛆所食

唐太宗為秦王時，年十八，與晉陽令劉文靖首謀之。高祖夢墮牀下，見遍身為羣蛆所食，甚惡之。詣詢於安樂寺智滿禪師。師俗姓賈氏，西河人也，戒行高潔。師曰：「此可拜乎？夫牀下者，陛下也。羣蛆食者，所謂羣生共仰一人活耳。」高祖喜其言。又云：「貧僧頗習易，以卦之象，明夷之兆。按易曰：巽在牀下，紛若無咎，而早吉晚凶。斯固體大，不可以小。小則敗，大則濟。可作大事，以濟羣生，無往不亨，乃必成乎？」高祖動容曰：「雖蒙善誘，未敢當！」禪師晒秦王曰：郎君與大人並叶兆夢，是謂幹父之蠱，考用無咎。天理人事，昭然可知，不可固拒，天之與也！天與不取，必受其咎，無乃不可乎？」高祖拜而謝曰：「弟子何幸？再煩鄭重丁寧之意。敢不敬從？」（廣德神異錄）

夢得失禾

後漢、蔡茂，夢取得中穗禾，復失之。郭喬卿曰：「禾失，爲秩，得失之，乃秩字，必得祿秩也。」旬日之間，即徵爲司徒。（稗史）

夢鸚鵡折翅

唐則天后、夢一鸚鵡，羽毛甚偉，兩翅俱折，以問宰臣。韋公默然。內史狄仁傑曰：「鵡者、陛下姓也。兩翅折者、陛下二子廬陵相王也。陛下起此二子，兩翅全也」。武承嗣、武三思，連項皆赤。後契丹圍幽州，檄朝廷曰：「還我廬陵相王來！」則天乃憶狄公之言曰：「卿曾爲我占夢，今乃應矣，朕欲立太子，何者爲得」？傑曰：「陛下內有賢子，外有賢姪，取舍詳擇，斷在聖衷」。則天曰：「我自有聖子。」承嗣、三思，是何疥癬」？承嗣等懼，掩耳而走。即降

敕追盧陵立爲太子充元帥。初、募兵無有應者，聞太子行，北邙山頭，皆兵滿，無容人處。賊自退散。（朝野僉載）

夢筆點額

北齊文宣，將受禪，夢人以筆點額。王曇哲曰：「王上加點，爲主。當進位也。」（稗史）

夢孝子扶上

玄宗嘗夢落殿，有孝子扶上。他日以問高力士。力士云：「孝子素衣，此是韋見素耳」。帝深然之。數日自吏部侍

郎拜相。（廣異記）

夢貓伏堂限

唐、薛季昶、爲荊州長史，夢貓兒伏臥於堂限上，頭向外。以問占者張猷。猷曰：「貓兒者、爪牙。伏門限者閫外之事。君必知軍馬之要。」未旬日，除桂州都督嶺南招討使。（朝野僉載）

夢登山捧日

故相國楊炎未仕時，嘗夢陟高山之巔，下瞰人境，杳不可辨。仰而視之，見瑞日在咫尺，紅光赫然，洞照萬里。公因舉左右手以捧之，炎煥之氣，如熱心目。久而方寤。視其手，尙瀝然而汗。公異之，因語於人，有解者曰：「夫日者，人君像也。今夢登山以捧日，將非登相位而輔人君乎？」其後，楊公周歷清貫，遂登相位，果叶捧日之祥也。（宣室志）

夢賜錦半臂

貞元中相國竇參，爲御使中丞。嘗一夕夢德宗召對於便殿，問以經國之務。上喜，因以錦半臂賜之。及寤，奇其夢，默而念曰：「臂者，庇也，大邑所以庇吾身也。今夢半臂者，豈上以我叨居顯位，將給半俸，俾我致政乎」？蹙然久之。因以夢話於人，客有解曰：「公之夢，祥符也，且半臂者，蓋被股肱之衣也。今公夢天子賜之，豈非上將以股肱之位而委公乎」？明日，果拜中書侍郎平章事。（宣室志）

任調拜相

張鎰、大歷中守工部尚書判度支，因奏事稱旨，代宗面許宰相，恩澤甚厚。張公日日以冀，而累旬無信。忽夜夢有人自門遽入，抗聲曰：「任調拜相」。張公驚寤，思中外無其人，尋繹不解。有外甥李通禮者，博學善智，張公因召面示之，令研其理。李生沉思良久，因賀曰：「舅作相矣」！張公即詰之，通禮答曰：「任調、反語饒甜；饒甜無逾甘草；甘草獨爲珍藥；珍藥反語，即舅名氏也」。公甚悅。俄有走馬吏報曰：「白麻下公，拜中書侍郎平章事」。（集異記）

夢姚崇宋璟

上皇初登極，夢二龍銜符，自紅霧中來。上大隸「姚崇、宋璟」四字，掛之兩大樹上，蜿蜒而去。解者曰：「兩木

、相也（木目同音），二人名、爲天遣龍致於樹，即姚崇、宋璟，當爲相矣」。上歎異之。（稗史）

夢河水乾

宋帝有病，夜夢河水乾，憂形於色。以爲人君者，龍之象也，乃河無水，是無所居矣。既而問諸宰輔臣，對曰：「河無水，乃可字也。陛下之疾痊矣！」帝欣然，疾果愈。（稗史）

夢項安節

神宗嘗夢入大府，有植碑，以金塡字曰「宰相項安節」。寤而求之，乃太學生也。慈聖解之曰：「項安節、即吳充也」。於是正憲公爲相，頸有瘤焉。而項生布衣至朝散郎。（稗史）

夢賜狗肉

梁灝、未入試前十日，夢一人，賜狗肉一片。次日悶悶不悅。解者曰：「狗、即犬也，添一片字，乃狀。必中狀元矣」。已而果然。（稗史）

夢門中側耳

魏仍與李龜年同選，相與夢；魏夢見侍郎李彭年、使人喚仍於銓門中，側耳聽之。龜年有人報侍郎、注與君一畿丞。明日共解此夢；「以爲門中側耳，是聞字，應是聞喜」。果唱聞喜尉。李龜年果唱蘄州，蘄州縣丞。仍後貶齊安郡、黃崗尉，准敕量移。乞夢，夢得一毛蠅子與李龜年占議云：「毛字千下有七，應去此一千七百里」。如其言。（定命錄

夢挽弓射狗

河東裴元質，初擧進士，明朝唱策。夜夢一狗，從竇出

，挽弓射之，其箭遂撇，以爲不祥。問曹良史曰：「吾往唱策之夜，亦爲此夢。夢神爲吾解之曰：「狗者、第字頭也。弓、第字身也。箭者，第豎也。有撇，爲第也」。尋而唱第，果如夢焉。（朝野僉載）

夢十一月養蠶

給事中陳安平、子年滿赴選，與鄉人李仙藥臥。夜夢十一月養蚕。仙藥占曰：「十一月養蚕、冬絲也。君必送東司」。數日，果送吏部。（朝野僉載）

夢大母猪

饒陽李瞿曇、勳官番滿選，夜夢一母猪極大。李仙藥占曰：「母猪、屯主也。君必得屯主」。數日，果如其言。（朝野僉載）

夢分梨

楊進賢、任南陽刺史，登舟，暮夜被風盪舟，失子。忽夢與兒分一梨，人解曰：「分梨主不能見。」夫婦思念之甚，又令一人解曰：「梨開見子。」不數日，果見。（稗史）

夢見母下體

顧琮、爲補闕，嘗有罪，繫詔獄，當伏法。一夕憂愁，坐而假寐，忽夢見其母下體。琮愈懼，形於顏色。流輩問琮？以夢告之，自謂不祥之甚也。時有善解者賀曰：「子其免乎」？問何以知之？曰：「太夫人下體，是足下生路也。重見生路，何吉如之？吾是以賀也」。明日，門下侍郎薛稷奏刑失入，竟得免。琮後至宰相。（廣異記）

夢寫半髮字

黃平夢書一髮字，書髟而止。索沈曰：「此亡友也。」是日，果有友人訃至。（潛居錄）

夢剃髮爲僧

曹確夢剃髮爲僧，心甚惡之。有一士占夢多驗，確召之，具以夢話之。此人曰：「前賀侍郎！且夕必登庸。出家者、號剃度也。」無何，果如所言，而拜相國。（北夢瑣言）

夢牽鹵部入厠中

沈慶之、元嘉中始夢牽鹵部入厠中。雖忻清道，而甚惡

之。或爲之解曰：「君必貴，然末也。鹵部者、富貴之容，厠中、所謂後帝也。君富貴，不在今主矣」。後果中焉。（拾遺錄）

夢松生腹

丁周、夢松生於腹上，因拆：松、是十八公。後十八年，果爲三公。（稗史）

十八尚書

南京禮部尚書，西蜀李公，初赴試春闈，至京師，投寓舍，其家人竊視之曰：「是此人也？」主人因延問公，「今年幾何？」答曰：「二十四歲矣！」主人唯唯！公疑之，詢問其故？乃曰：「夜來夢人報我曰：明日十八歲尚書至，宜善待之。今公至，適符所夢，但年歲不同耳！」公躍然喜曰：「吾姓李，十八子，非李姓乎？」主賓甚洽。後公位果至大宗伯云。（稗史）

夢舌上有毛

馬亮、知江寧府，將代，夢舌上生毛。有僧解曰：「舌上有毛，剃不得也。當再任。」果然。（稗史）

以上諸則，均係吉徵。

夢三黑狗號

吳王夫差、夜夢三黑狗號，以南以北，炊甑無氣。及覺，召群臣言夢，群臣不能解。乃召公孫聖。聖被召，與妻訣曰：「以惡夢召我，我豈欺心者，必爲王所殺」。於是聖至，王以所夢告之。聖曰：「王無國矣！犬號者，宗廟無主。炊甑無氣，不食矣」。王果怒而殺之。及越兵至，王謂左右曰：「吾無道，殺公孫聖。汝可呼之」。於是三呼三應。吳卒爲越所滅。（越絕書）

夢帝與印綬、登樓而歌

後漢張魚、爲武威太守，其妻夢帝與印綬，登樓而歌。覺以告魚。魚令占之曰：「夫人方生男，復臨此郡，命終此樓。」後生子猛，建安中爲武威太守，殺刺史邯鄲，商州兵圍急，猛恥見擒，乃登樓自焚而死。（搜神記）

夢滿城出菜

符堅將欲南伐，夢滿城出菜，又地東南傾。其占曰：「菜多難爲醬也。東南傾，江左不得平也。」已而果然。（夢

書）

夢柳樹仆地

柳員外宗元，自永州司馬徵至京，意望錄用。一日詣卜者問命，且告以夢曰：「余柳姓也，昨夢柳樹仆地，其不祥乎」？卜者曰：「無苦！但憂爲遠官耳」。徵其意？曰：「夫生則柳樹，死則柳木。木者、牧也。君其牧柳州乎」？竟如其言，後卒於柳州焉。（因話錄）

夢講坐下聽法而照鏡

唐左丞盧藏用、中書令崔湜，太平黨被流嶺南，至荊州。湜夜夢講坐下聽法而照鏡。問善占夢張猷謂盧右丞曰：「崔令公大惡，夢坐下聽講，法從上來也。鏡字、金旁竟也。其竟于今日乎」？尋有御使陸遺免齎敕令湜自盡。（朝野僉載）

胡僧索殿

理宗一日夢胡僧曰：「二十年後，還小僧此殿。」覺而問宰相馬廷鸞，馬曰：「胡僧、夷狄也，二十年後，必立夷狄於殿下稱藩耳。」至德祐二年宋亡，至元十四年爲寺，逆

數至於理宗夢時，正二十年矣。（堅夷續志）

夢鳳鳥集於手上

大業中、有人常夢鳳鳥集于手上，深以爲善徵。往詣蕭吉占之。蕭曰：「此極不祥之夢」。夢者恨之，而以爲妄言。後十餘日，夢者母死。遣所親往問吉所以？吉云：「鳳鳥非梧桐不棲，非竹實不食．所以止君手上者，手中有桐竹之象。禮云，苴杖、竹也。削杖、桐也。是以知必有重憂耳」。（大業拾遺記）

夢乘龍止屋

洛陽王穆、起兵酒泉，西伐索嘏。長史郭瑀諫，不從。夜夢乘青龍上天，至屋而止。覺歎曰：「屋字、尸至也。龍飛屋上，尸至，吾其死矣」。後果驗。（前涼錄）

夢木梗天

王敦謀反，夢將一木，上破天。許負解曰：「此是未字，言未可動也。」（稗史）

夢人予樝子

王戎夢有人以七枚樝子與之，著衣襟中。既覺，得之。占曰：「樝、桑子也」。自後男女大小凡七喪。（異苑）

夢書手九十

蜀宗正少卿孟德崇，燕王貽鄴之子也。自恃貴族，脫略傲誕。嘗太廟行香，攜妓而往。一夕夢一老人責之，且取案上筆，叱令開手大書九十字，而覺。翌日，與賓客話及此事，自言老人責我，是惜我也。書九十字，賜我壽至九十也。

客有封璉戲之曰：「九十字、乃是行書卒字。亞卿其非吉徵乎」？不旬日，果卒。（野人閑話）

夢牛有兩尾

洛州杜玄、有牛一頭，玄甚憐之。夜夢見其牛有兩尾，以問占者李仙藥曰：「牛字有兩尾，「失」字也。」經數日，果失之。（朝野僉載）

夢炊於臼中

江淮有王生者，榜言解夢。賈客張瞻將歸，夢炊於臼中

，問王生。生言：「君歸不見妻矣。臼中炊，因無釜也」。客至家，妻卒數月矣。（酉陽雜俎）

夢松生戶前、棗生屋上

有一人夢松生戶前，一人夢棗生屋上，以問補闕于堇。堇言：「松邱壠間所植，棗字，重來。重來呼魄之象。後二人俱卒。（酉陽雜俎）

夢洗白馬

威遠軍小將梅伯成，善占夢。有優人李伯憐，遊涇州，乞錢得米百斛。及歸，令弟取之，過期不至。夜夢洗白馬，訪伯成占之。伯成抒思曰：「凡顛人好反語，洗白馬、白米也。君所憂，或有風水之虞乎」？數日，弟至，果言渭河中覆舟，一粒無餘。（酉陽雜俎）

夢柴

司農卿韋正貫、應擧時，嘗至汝州。汝州刺史柳淩、留署軍事判官。柳嘗夢有人呈案中言：欠柴一千七百束。因訪韋解之，韋曰：「柴、薪木也。公將此不久乎」？月餘，柳疾卒，素貧，韋爲部署米麥錙帛，悉前請於官。數日矣，唯

宮中欠柴一千七百束。韋披案，方省柳前夢。（酉陽雜俎）

以上諸則，均係凶兆。

除以上占夢之術而外，尙有應付夢者，並能自圓其說，甚至應驗者，亦附錄如后：

夢與二日門

齊景公病，臥十數日，夜夢與二日門，不勝。晏子朝，公曰：「夕者，吾夢與二日門，而寡人不勝，我其死乎？」晏子對曰：「請召占夢者！」出于閨，使人以車迎占夢者，至。曰：「曷爲召見？」晏子曰：「夜者，公夢與二日門，不勝。公曰：「寡人死乎？」故請君占夢，是所爲也。」占夢者曰：「請反其書！」晏子曰：「無反書！公所病者，陰也。日者、陽也，一陰不勝二陽，故公病將已。以是對！」占夢者入，公曰：「寡人夢與二日鬥，而不勝，寡人死乎？」占夢者對曰：「公之所病，陰也，日者、陽也。一陰不勝二陽，公病將已。」居三日公病大愈。（晏子春秋）

此乃晏子借占夢者之口，以解景公之夢，使景公喜悅而病愈，此亦所謂心理治療也。

夢玉器

開運甲辰歲暮冬、晉帝遣中使至內署，宣問諸學士云：「朕昨夜夢一玉盤中，有一玉碗，及一玉帶。皆有碾文，光熒可愛，是何徵也？宜卽奏來」。承旨李愼儀，與同僚並表奏賀：以爲玉者、帝王之寶也。帶者、有誓功之光。盤盂者、乃守器之象。爲吉夢，不敢有他占。（玉堂閑話）

此亦應付夢者之辭，以占夢之術而言，實非其道矣。

夢芻狗

魏周宣、字孔和，善占夢，或有問宣者：「吾夢芻狗」。宣曰：「君當得美食」。未幾，「復又夢芻狗」，曰：「

當墮車折脚」。尋而又云：「夢芻狗」。宣曰：「當有火災」。後皆如所言。其人曰：「吾實不夢，聊試君耳。三占不同，皆驗何也」？宣曰：「意形於言，便占吉凶。且芻狗者，祭神之物。故君初言夢之，當得美食也。祭祀既畢，則爲所轢，當墮車傷折。車轢之後，必載以樵，故云失火」。（魏志）

此雖爲無夢而占，但占夢之理，實精深也。至皆能應，豈所謂人之所欲，天必從之耶？

第二篇　徵兆

易曰：「天垂象，見吉凶，聖人象之。」中庸云：至誠之道，可以前知：國家將興，必有禎祥；國家將亡，必有妖孽。見乎蓍龜，動乎四體，禍福將至，善必先知之，不善必先知之，故至誠如神。」易經為我國第一部哲學典籍，中庸為我國第二部哲學典籍。不特我國尊為寶典，即世界各國，亦莫不視為曠世奇書。其所言如是，自非無稽。

但吉凶禍福，皆人所召：商箴云：「天降災布祥，並有其職（職、主也），以言禍福，人或召之也。」董仲舒亦云：「國家將有失道之敗，天乃先出災害，以譴告之。以此見天心之仁愛人君，欲止其亂也。」谷永並言：「災異者，天所以儆人君過失，猶嚴父之明誡。改則禍消，不改則咎罰。」是皆援天道，以證人事。惟天作孽猶可違，自作孽，則不可活。荀子云：「夫日月之有蝕，風雨之不時，怪星之黨見，是無世而不常有之。上明而政平，則是雖並起，無傷也。上暗而政險，則是雖無一至者，無益也。……物之已至者，人妖則可畏也。楛（粗惡不精）耕傷稼，耘耨失穢，政險失民，田穢稼惡，糴貴民飢，道路有死人，夫是之謂人妖；政令不明，舉錯不時，本事（農桑）不理，夫是之謂人妖；禮義不修，內外無別，男女淫亂，則父子相疑，上下乖離，寇難並至，夫是之謂人妖。妖是生於亂，三者錯，無安國。」是均言妖由人興，禍福亦由人召者。

第一章　吉徵

見星如虹

帝摯少昊氏母曰女節，見星如虹，下流華渚。既而夢接意感，生少昊登帝位，有鳳凰之瑞。（宋書）

夢攀天而上

堯身長十尺，有聖德，封於唐，夢攀天而上。高辛氏衰，天下歸之，在帝位七十年。（稗史）

夢眉長於髮等

舜耕於歷山，夢眉長與髮等。及即位，蓂莢生於階，鳳凰巢於庭，擊石拊石，百獸率舞，景星出，房地出乘黃之馬

，西王母獻白環玉玦。（稗史）

夢吞神珠

帝禹有夏氏母曰脩己、出行見流星貫昴，夢接意感，既而吞神珠。脩己背剖而生禹于石紐。虎鼻口，兩耳參鏤，首戴鈎鈐，胸有玉斗，足文履己，故名文命。（稗史）

夢乘船過日月

湯在亳，能修其德，伊摯將應湯命，夢乘船過日月之傍，湯乃東至於洛，觀帝堯之壇，沈璧而退立。黃魚雙踴，黑鳥隨魚止於壇，化為黑玉。又有黑龜並赤文成字，言夏桀無道，湯當伐之。神見於邳山，有神牽白狼銜鉤而入，商朝金德將盛，銀山自溢，湯將奉天命放桀，夢及天而賜之，遂有天下。（稗史）

夢龍繞日

傅說賃為赭衣者，舂於深巖，以自給。夢龍繞日而行，筮得利建侯之卦。歲餘，高宗以玉帛聘為阿衡。

夢日月著身

文王之妃曰太姒，夢商庭生棘，太子發植梓於闕間，化爲松柏棫柞，以告文王。文王幣告羣臣與發，並拜告夢。季秋之甲子，赤爵銜書及豐，止於昌戶。昌拜稽首受之。其文要曰：「姬昌蒼帝子，亡殷者紂王」。文王夢日月著其身，又鸑鷟鳴於岐山。

夢飛熊

周太公望釣於渭濱，文王夢飛熊，太史占曰：「主得王者師」。文王出獵，而遇太公，與之言而悅，以後車載之，拜爲師尙。後佐武王伐紂，而有天下。

夢天予蘭

鄭文公有妾燕姞，夢天使與予蘭花，有國香入腹，遂生穆公，名曰蘭，享國四十餘年，鄭國大治。（左傳）

漢高帝誕生

漢高帝父曰劉執嘉，執嘉之母，夢赤鳥若龍，戲己而生執嘉，是爲太上皇帝。母名含始，是爲昭靈后。靈后游於洛池，有玉鷄銜赤珠，刻曰：「玉英，呑此者王。」昭靈后取而呑之。又寢於大澤，夢與神遇，是時雷電冥晦，太上皇觀之

，見蛟龍在其上，遂有身，而生季，是爲高皇帝。高帝降準龍顏，美鬚髯，左股有七十二黑子。（宋書）

夢武曲星

韓信微時，垂釣河邊，盹睡松下。忽夢武曲星墜於身上。後果爲大將軍，封齊王。

夢月入懷

漢元帝王皇后，齊田氏之苗裔。祖父翁孺，自東平陵、徒元城。元城建公曰：「昔春秋沙鹿崩，晉史卜之，陰爲陽雄，土火相乘，故沙鹿崩。後六百四十五年，宜有聖女興，其齊田乎？今翁孺之徒，正值其地，日月當之。元城郭東有五鹿之墟，即沙鹿地。後八十年，當有貴女興天下。翁孺生禁，禁妻李氏方有孕，夢月入其懷，生女，是爲元后。每許嫁未行，所許者輒死。卜相者云：「當大貴」，遂爲元帝皇后，生成帝。（宋書）

夢乘龍登天

漢光武夢乘赤龍登天，乃即位，都洛陽。（宋書）

夢蛟龍入懷

漢董仲舒常夢蛟龍入懷中，乃作春秋繁露。（太平廣記）

夢摘食錦花

馬融勤學，夢見一林，花如繡錦，夢中摘此花食之。及寤，見天文詞，無所不知。時人號爲繡囊。（武陵記）

夢裁錦

蕭穎士少時，夢有人授帛百幅，開之，皆是綉花。又夢裁錦。因此文思大進。（文華雜喉）

夢長庚入懷

李白、字太白，始生之時，其母夢長庚星入懷，而生。以名長庚，即太白。（稗史）

夢呑珠

進士謝諤、家于南康，舍前有溪，常遊戲之所也。諤爲兒時，嘗夢浴溪中，有人以珠一器遺之。曰：「呑此則明悟

矣」。謂度其大者不可吞，即吞細者六十餘顆。及長，善爲詩。進士裴說爲選其善者六十餘篇，行於世。（稽神錄）

夢鋪楊邁金席

林邑、謂紫磨金，爲上金。俗謂之楊邁金。范邁母夢人鋪楊邁金席與其生兒。兒生，席色昭晰。後因生兒名曰楊邁，爲林邑王。（林邑記）

夢天開呑日

陳武帝、初夢天開數丈，有四朱衣捧日，令帝吞之。及

覺，腹中尤熱，心獨異之。（稗史）

夢車中載瑞日

淄青鄭尚書光，會昌六年春，夢自御牛車，車中載瑞日，光燭天地。自執轡，行通衢中，俄而驚寤，且奇歎。後月餘，宣宗即位，以元舊之故，累拜尚書淄青節度。果契前夢。（宣室志）

鄒進士廷望

新化縣鄒公廷望生時，其父貧而多子，欲勿舉。其祖命舉之曰：「我夢迎子至家，前標句云：桂林有香香馥馥，一枝高折狀元頭。此貴徵也」。後于嘉靖壬子鄉薦，寶慶一府，獨舉廷望一人。榜其里曰「桂林一枝」。至壬戌春，榜中二十七名。而申相國名次之。殿試居首，果在狀元頭也」。（稗史）

夢雲化鳳

陳徐僕射陵母臧氏，夢五色雲，化爲鳳凰，集其肩。已而誕陵。寶誌師摩其頂曰：「天上石麒麟也」。及長，才學過人，目有睛，時人以爲聰明之相。（稗史）

雨打無聲鼓子花

狀元馬鐸、少時夢中有語之者曰：「雨打無聲鼓子花」。不省所謂。後與同邑林誌同舉進士，誌高才，鄉會皆第一。殿試時，忽夢踏其首。以是怏怏，爭於上前。上曰：「朕有一對，對佳者，狀元也」。曰：「風吹不響鈴兒草」。馬即對以夢語。而誌思竭不能。于是得賜狀元。（稗史）

夢玉燕投懷

張說母夢一玉燕，自東南飛來，投入懷中，而有孕。生

說，果爲宰相，至貴之祥。（稗史）

夢飛鶯立房頂

岳和妻朱氏、有孕，當分娩夜，夢飛鶯在房頂立，始生岳飛。後爲大將軍，謚武穆王。（稗史）

夢紫色大鳥至庭前

張鷟、曾夢一大鳥，紫色五彩成文，飛下至庭前不去。以告祖父云：「此吉祥也！昔蔡衡云，鳳之類有五，其色赤，文章鳳也。靑者，鸞也。黃者，鵷雛也。白者，鴻鵠也。

紫者，鸑鷟也。此鳥爲鳳凰之佐，汝當爲帝輔也」。遂以爲名字焉。（朝野僉載）

夢慶雲覆身、著緋乘驢

鷟初學進士，至懷州，夢慶雲覆其身，其年對策，考功員外。騫味道以爲天下第一。

又初爲岐王屬，夜夢著緋乘驢，睡中自怪我衣綠裳乘馬，何爲衣緋却乘驢？其年應舉及第，授鴻臚丞。未經考，而授五品，此其應也。（朝野僉載）

夢手捧天

韓魏公、夢以手捧天，後爲相，輔英宗、神宗。（稗史）

藕對

國初、豫章士人，兄弟由貢入太學。夜夢人語云：「七竅比干心」。如是者數次。翌早言夢，兄弟不殊，未詳其義。時五月兢渡，生儒俱出上河遊覽，惟兄弟篤志不出。偶太祖微行，至號舍，見生儒俱出，獨聞一號書聲。入舍，二生驚懼。上喜見書案上，有藕一截，上出一對曰：「一彎西子臂」。兄弟齊應聲答曰：「七竅比干心」。上大喜曰：「必

忠貞士也」。命銓部選兩御使。（稗史）

正郎鼻

徐郎中、夢神人携一竹籃鼻，視徐曰：「形相不薄，但鼻尖尚小」。乃劓其鼻，安一鼻。神笑曰：「好一正郎鼻也」。徐鼻自此端正。（稗史）

夢吞月

甄皇后母，夢在花園玩景，仰而觀天，忽吞一月，因而有胎。果生皇后，聰明過人。（稗史）

夢筆

江淹夢五色筆，王珣夢人與大筆如椽，紀少瑜嘗夢陸倕以一束青縷筆授之，唐李嶠夢人遺之雙筆，李白夢筆生花。（稗史）

夢吞日

趙洪恩妻，杜氏，忽夢吞日，遂生匡胤，聰明過人，後登帝位。（稗史）

夢神告試題

紹興二十六年，宜春郡士鍾世若，謁仰山乞夢，以占秋試得失。是夜，夢自廟外門進抵庭下，顧見廊廡間，背縛一人於柱，顧望鍾，欣然有喜色，且笑且語，因驚寤。為朋友言，不能曉其指意，迨入試，出「反身而誠，樂莫大焉」賦為題。始默念昨夢背縛者，反身之義。顧笑者，樂也。神既告以題，必可中選。乃精思寫作，第五韻押焉字，欲用孟子有三樂而王天下不與存焉，及仰不愧于天，俯不怍于人等語。患無他經句堪對，不覺伏几假寐。髣髴間，見黃衣一吏曰

：「胡不用孔子不怨天下不尤人，與飯疏食飲水，樂亦在其中爲對乎」？鍾洒然而起，遂綴緝成隔聯云：「孔不怨尤，飯疏食在其中矣。孟無愧怍，王天下不與存焉」。書畢自喜，爲得神助。己考官閱卷，批其卷旁曰：「隔對渾成，可以冠場」，置之首選。洎揭榜，經義爲都冠，鍾居次。（稗史）

夢鈴落懷中

梁、任昉母，晝夢五彩旌旗，四角懸自天而降。墜其一鈴，落于懷中，因而有孕。占曰：「必生才子。」遂生昉。

（稗史）

夢日墮

後魏閻英爲肥城令，夢日墮所居黃山水中，村人以車牛挽致不出。英抱戴而歸。後至散騎常侍。（夢雋）

預告得官

杜牧、頃於宰執求小儀，不遂。請小秋，又不遂。嘗夢人謂曰：「辭春不及秋，昆脚與皆頭」。後果得比部員外。（尚書故實）

何僕射

何致雍者、賈人之子也。幼而爽俊好學，嘗從其叔父泊舟皖口，其叔夜夢一人，若官吏，乘馬從數僕，來往岸側，徧閱舟船人物之數。復一人自後呼曰：「何僕射在此，勿驚之」！對曰：「諾！不敢驚」。既寤，徧訪鄰舟之人，皆無姓何者。乃移舟入深浦中。翌日大風濤，所泊之舟皆沒，唯何氏存。叔父乃謂致雍曰：「我家世貧賤，吾復老矣，何僕射、必汝也。善自愛」。致雍後從知於湖南爲節度判官，會楚王殷、自稱尊號，以致雍爲戶部侍郎翰林學士。致雍自謂

當作相，而居師長之任。後楚王希範嗣立，復去帝號，以致雍爲節度判官、檢校僕射，竟卒於任。（稽神錄）

夢宴鹿鳴

天順末，蘇郡學生陳燧，夢宴鹿鳴，同坐者，皆素服，不簪花。爲諸朋輩言之，咸以爲非吉徵。後陳登成化戊子鄉薦，揭曉前二日，適太皇后崩，詔至，明日鹿鳴宴，果皆素服不簪花。其奇驗有如此。（稗史）

君速登

王蜀員外郎劉檀，本名審義。忽夢一孝子引令上檀香樹，而謂曰：「君速登」！劉乃登，向懷內出緋衣，令服之。覺，因改名檀。未及一年，蜀郡牧請一杜評事充倅職，奏授殿中侍御史內供奉，賜緋，敕下，杜丁憂，不行，杜遂擧劉于郡侯，郡侯乃奏檀，而所授官與杜充奏擬無別。是時，劉方閑居力困，杜因遺劉新緋公服一領。果徵夢焉。（玉溪編事）

夢棺並列

趙良器、嘗夢有十餘棺，並頭而列。良器從東歷踐其棺。至第十一棺，破陷其脚。後果歷任十一政，至中書舍人卒。高適任廣陵長史，嘗謂人曰：「近夢於大廳上，見叠累棺木，從地至屋脊。又見旁有一棺，極爲寬大，身入其中，四面不滿。不知此夢何如？」其後累歷諸任，改爲詹事，亦寬慢之官矣。（因話錄）

夢盛飾升天

劉穆之、常渡揚子江宿，夢合兩船爲舫，上施華蓋，儀飾甚盛以升天。既曉，有一姥問曰：「君昨夜有佳夢否？」穆之乃具說之。姥曰：「君必位居端揆」。言訖，不見。後

官至僕射丹陽尹，以元功也。（異苑）

穆之又夢有人稱劉鎮軍相迎。旦，占之，曰：「吾死矣！今豈有劉鎮軍耶」？後宋武帝遣人迎共定大業，武帝時爲鎮軍將軍。（續異苑）

夢虜脫上衣

索充夢一虜，脫上衣詣充索 、占曰：「虜去上半，下男字也。夷虜陰類，君妻當生男也。」已而果驗。（燉煌錄）

詩示前程

東元霍易書先生、雍正甲辰、舉于鄉，留滯京師，未有所就，祈夢呂仙祠中。夢神示以詩曰：「六瓣梅花插滿頭，誰人肯向死前休？君看矯矯雲中鶴，飛上三台閱九秋」。至雍正五年，初定帽頂之制，其銅盤六瓣如梅花。始悟首句之意。竊謂仙鶴爲一品服，三台爲宰相位，此句既驗，末二句亦必驗矣。後由中書舍人、官至奉天府尹，坐譴謫軍臺，其地曰蔡蘇圖，寔第三臺也。官牒省筆，皆書臺爲台。適符詩語，果九載乃歸。在塞外日，自署別號曰雲中鶴，用詩中語也。後爲姚安公述之，姚安公曰：「霍字上爲雲字頭，下爲鶴字之一半，正應君姓，亦非泛語」。先生喟然曰：「豈但

是哉！早年氣盛，銳于進取，自謂卿相可立至。卒至顛蹶，職是之由。第二句、神戒我矣。昔是時未思也。（閱微草堂筆記）

金塡姓名

宮師、諱維、字持國。忠憲公嘗夢巨碑中，有宮師姓名，而爲金字，莫曉所謂。然亦意公，必貴也。故公不出應科擧，忠憲公亦不强之。曰：「是兒當自致遠大」。其後公預元祐黨籍，蔡京請徽廟御書群臣姓名，而金塡之，或謂爲應。（稗史）

夢人予秤

唐上官昭容者，侍郎儀之孫也。儀子有罪，婦鄭氏塡宮遺腹生昭容。其母將誕之夕，夢人與秤曰：「持此秤量天下」。後母抱問曰：「秤量天下，豈是汝耶」？口中嘔嘔，如應曰是。（嘉話錄）

牡丹亭下百花香

彭綱清江人，初遊鄉校，秋試前數月，里中病者祈仙降筆云：「天上名將就，蟾宮桂已香．吟成二十字，相贈綠衣郎」。可送彭解元，病當愈，人未之信也。尋與十餘人求夢于玉笥山神，殿廡爲衆所佔，宿於牡丹亭下。達署，無夢。且而衆起皆曰：夢一神人過而歌云：「牡丹亭下百花魁」。豈亭下有人耶？綱聞之，即整衣去。或云是彭氏子也。已而綱果發解第一擧進士，至雲南僉事。致仕有雲田詩集，行於世。（稗史）

夢有人舁棺至堂

李逢吉、未掌綸誥前，家有老婢，好言夢，後多有應。李公久望除官，因訪於婢。一日婢至，慘然。公問故？曰「

昨夜與郎君作夢，不好意思，不欲說」。公強之。婢曰：「夢有人舁一棺至堂後云，且置在此，不久即移入堂中，此夢恐非佳也」？公聞甚喜。俄而除中書舍人，後知貢擧，未畢而入相。（因話錄）

金字題詩

宜黃徐四友，字文伯，幼喪母，其父不再娶，與四友及長子四岳、皆清居陋巷茅簷，蕭然自足。紹興庚午之春，四友晝寢，夢婦人姿容美麗，引右手示之，乃金字題詩兩句曰：「秋擧君須中，危科子必登」。又引左手示之，亦金書六字曰：「文伯之妻杜氏」。既寤，以白父兄。是歲秋闈榜出，果中選。郡人杜學諭遣媒妁來議，欲妻以女，資裝殊不豐。悟夢兆先告，即就其約，遂登辛未科，仕至柳州守，與杜氏偕老焉。（稗史）

預告前程

王益、字茂升，崇仁士人也。紹興庚申、與其兄茂謙，祈夢于仰山廟。夢人語之曰：「君姓名不在張九成下」。覺而甚喜，謂異時科第巍嵯，當如張公。既獲薦，以壬戌春赴省試。其設案處，有前人題張九成三大字，適當左右，意必符昔夢，愈益喜。然是歲乃不利，蓋神所告，但指坐次云。初、茂生父國光嘗夢空中挂巨榜，一人從旁言曰：「此君家子孫及第時賦題也」。杳茫彷彿，不可盡覩，僅識其末一美字。乃諭子弟，凡美字可作題目者，皆當牢記。又作題堯舜文王正道論，意若未愜，更易者數四。茂生蹭蹬至丙子歲旦，拾開元一錢于道中，光潔可愛。私念曰：「吾今年當免舉，而以元日得錢，豈省場策問，及此耶？於是精考錢幣本末，廣爲之備。丁丑到省，其賦曰：「無聽盡天下之美」，論題正昔日所作策，首篇問泉貨。遂登科。國光茂謙前此擢第矣。父子繼踵爲儒家所歆，惜其宦途不大也。（稗史）

待雙門變海

鄭啓謨、有聲于時，祈夢于九鯉湖。夢神語曰：「待雙門變成海，汝當登科」。啓謨以雙門在藩司前衝要之地，豈容成海？神戲吾耳。後無錫石沙王公按閩，善隸書，偶於雙門之上，書「海邦都會」四字。啓謨竊喜，果于庚子科發解。（稗史）

青童送筆

上饒余禹疇、待次全州教授，淳熙己酉科舉時，王漢門外李篙師、夢青衣小童、持筆五枝授之曰：「煩汝送去余敎授處」。李接視，但三枝有筆頭，其二只空管耳」。明日往告余，不能曉也。洎貢闈揭榜，余氏子弟三預薦，二中待補選，次年姪儔登科。（稗史）

夢日月入懷

孫堅母姙堅，夢腸出繞吳昌門，以告鄰母。鄰母曰：「安知非吉祥也？昌門、吳郭門也。」堅生而容貌奇異。堅妻吳氏，初姙子策，夢月入其懷；後姙子權，又夢日入懷。告堅曰：「昔姙策，夢月入懷，今又夢日入懷，何也？」堅曰

：「日月陰陽之精，極貴之象，吾子孫其興乎？」權方頤、大口、紫髯，長上、短下。漢世有劉琬者，能相人，見權兄弟曰：「孫氏兄弟，雖各才智明達，然祿祚不終。唯中弟孝廉，形貌奇偉，骨體不恒，有大貴之表。季又最壽，爾其識之。」權時爲孝廉。（宋書）

預告前程

兵部郎官莫卞，居場屋日，因赴浙漕，夢人就旅邸報姓莫人作狀元。卞出迎之，乃云「名儔、非卞也」。時卞已投卷，是舉登科，明年得子，因名曰儔。後二十四，儔作大魁

。（稗史）

夢受棋子

李泰伯母，夢二道士，在外弈棋，遂往觀之，道士取局中一子，授焉。遂懷孕，生泰伯。（稗史）

夢至帝所

秦穆公、夢至帝所，觀鈞天廣樂，帝賜以策。秦遂昌盛。（稗史）

盜羊入獄

許超夢盜羊入獄，問楊元楨，元楨曰：「當得城陽令」後封城陽侯。（酉陽雜俎）

夢虬龍繞樑

曾文正公之生也，以嘉慶辛未年十月十一日亥時。曾祖竟希封翁，年已七十，方寢，忽夢有神虬，蜿蜒自空而下，憩於中庭，首屬於梁，尾蟠於柱，鱗甲森然，黃色燦爛，不敢偪視。驚怖而寤，則家人來報添曾孫矣。封翁喜，召公父竹亭封翁，告以所夢。且曰：「是子必大吾門，當善視之！」是月，有蒼藤生於宅內，其形夭嬌屈蟠，絕似竟希封翁夢中所見。厥後家人每觀藤之枯榮，卜公之境遇。其歲枝葉繁茂，登科第，轉官階，勦賊疊獲大勝。如在丁憂期內，或追寇致敗，屢瀕於危，則藤亦兀兀然，作欲槁之狀，如是者歷年不爽。公之鄉人，類能言之。（庸盦筆記）

第二章 凶兆

夢奠兩楹

孔子將卒前，夢奠兩楹。曰：「予疇昔之夜，夢坐奠於兩楹之間。夫明王不興，天下其孰能宗予？予殆將死也！」蓋疾七日而歿。（禮記）

夢瓊瑰滿懷

春秋公孫嬰齊之卒於貍脤也，左傳記其初夢涉洹，或與己瓊瑰。食之，泣而爲瓊瑰盈其懷。從而歌之曰：「濟洹之水，贈我以瓊瑰。歸乎歸乎，瓊瑰盈吾懷乎」。懼不敢占也。還自鄭，至於貍脤，而占之曰：「余恐死，故不敢占也。今衆繁而從余三年矣，無傷也」。言之至暮而卒。（左傳）

夢龍女私奔

齊崔子武、幼時宿于外祖揚州刺史趙郡李憲家。夜夢一女子，姿色甚麗，自云：「龍王女願與崔郎私好」。子武悅之，牽其衣裙，微有裂綻，未曉告辭，結帶而別。至明，往山祠中觀之，傍有畫女容狀，即夢中見者，裂裙結帶猶在。子武自是通夢恍惚成疾。後逢醫禁之，乃絕。（三國吳略）

夢二丈夫

齊景公舉兵將伐宋，師過泰山，公夢見二丈夫，立而怒，其怒甚盛。公恐，覺，以告晏子。晏子對曰：「是宋之先湯與伊尹也。夫湯太甲武丁祖乙，天下之盛君也，不宜無後，今惟宋耳。而公伐之，故湯伊尹怒。請散師以平宋。景公不用，終伐宋。晏子曰：「公伐無罪之國，以怒神明，不易行以續蓄，進師以近過，非嬰所知也；師若果進，軍必有殃。」軍進再舍，鼓毀、將殪。公乃辭乎晏子，散師，不果伐宋。（晏子春秋）

夢爭日

秦始皇于御園飲宴，忽然困倦，晝寢其間。夢一小兒從從東來，穿青衣，面如黑鐵。向前把太陽抱住。又一小兒從西來，穿紅衣，面如傅粉。叫曰：「且住！不可奪吾太陽。我奉上帝命掌管。」青衣子不伏，連跌紅衣子七十二交。紅衣子跳起，只一拳，打死青衣子于地。紅衣子曰：「他雖英雄，怎有我福分？」抱太陽便走。始皇叫曰：「你姓甚名誰？」紅衣子曰：「吾赤帝子也。」預得此兆，後歸于漢。（稗史）

夢三馬共槽

魏武帝、猜忌晉宣帝父子，非曹氏純臣。又嘗夢三馬在一槽中共食，意尤憎之。因召文、景二帝，告以所夢。並云：「防理自多，無為橫慮」。帝然之。後果害族移器，悉如夢焉。（幽明錄）

夢鬚人相逼

李林甫夢一人細長有鬚，逼林甫，推之不去。林甫寤而言曰：「此裴寬欲謀替我」。（談賓錄）

詩光

蘇檢登第，歸吳省家，行及同州澄城縣，止於縣樓上，醉後夢其妻取筆硯篋中，取紅牋剪數寸，而爲詩曰：「楚水平如鏡，周廻白鳥飛。金陵幾多地，一去不知歸」。檢亦裁蜀牋而賦詩曰：「還吳東去下澄城，樓上淸風酒半醒。想得到家春已暮，海棠千樹已凋零」。詩成俱送于所臥席下。又見其妻，答檢所挈小青，極甚。及寤，乃於席下得其詩，視篋中紅牋，亦有剪處。小青其日暴疾，已而東去。旋捨陸登舟。小青之疾轉甚。去家三十餘里，乃卒。夢小青云：「瘞我北岸，新塋之後。及殯于北岸，乃遇一新塋，依夢中所約，瘞之。及歸，妻已卒。問其日，乃澄城縣所夢之日。謁其塋，乃瘞小青墳之前也。時乃春暮，其塋四面，多是海棠花

也。（聞奇錄）

詩讖

韋檢舉進士不第，常有美姬，一日捧心而卒。檢追痛悼，殆不勝情。舉酒吟詩，悲怨可掬。因吟曰：「寶劍化龍歸碧落，嫦娥隨月下黃泉。一杯酒向青春晚，寂寞書窗恨獨眠一。」一日忽夢姬曰：「某限于修短，不盡箕箒，涕淚潸然，當有後期。今和來篇」。口占曰：「春雨濛濛不見天，家家門外柳和煙。如今腸斷空垂淚，歡笑重追別有年」。檢終日悒悒，後更夢曰：「即遂相見」。覺來神魂恍惚乃題曰：「

白浪漫漫去不廻，浮雲飛盡日西頽。始皇陵上千年樹，銀鴨金鳬也變灰」。後果即世。皆符兆。（抒情詩）

夢長綠犬

張天錫在凉州，夢一綠犬甚長，從南來，欲咋，天錫牀上避之，乃墮地。後符堅遣苟長者、綠地錦袍南來，攻入門，大破之。（李產集異錄）

夢索錦筆

江文通、以文章顯著，後罷宣城郡歸，泊船禪靈寺渚。

夜夢一人，自稱張景陽，謂曰：「前寄一疋錦，在卿處，今可見還」。江探懷中，得數尺與之。此人大恚曰：「那得裁割都盡」？顧見丘遲謂曰：「餘此數尺，既無所用，當遂遺君」。江自爾，文思頓減。

又嘗宿於冶亭，夢見一丈人，自稱郭璞，呼文通曰：「吾有筆在卿處多年，可以見還」。江探懷中，得五色筆，以授之。自後爲詩，絕無美句，時謂之才盡。（稗史）

夢人餉絹

宋太尉沈慶之，求致仕，不許。慶之曰：「張良名賢，漢高猶許其退。臣有何用？爲聖朝所須」。乃啓顙流涕。帝有詔授開府，便詣廷尉待罪。慶之目不識字，手不知書，而聰悟過人。嘗對上爲詩，令僕射顏師伯執筆，慶之口占曰：「微生値多幸，得逢時運昌。衰朽筋骨盡，徒步還南崗。辭榮此聖代，何愧張子房」？帝嘆其辭意之美。

慶之嘗歲旦夢人餉絹兩疋，曰：「此絹足度」。覺而歎曰：「兩絹八十尺，足度無盈餘。老子今年不免矣」。其年果爲原和所誅。（談藪）

奉符換眼

陶穀少時，夢吏云：「奉符換眼」。吏附耳，求錢十萬，安第一眼，穀不應。即以二彈丸納眼中。既覺，眼色深碧。後有善相道士陳紫陽曰：「好貴人骨氣，奈一雙鬼眼何？後必不至大位」。（稗史）

紅牋題詩

中書舍人崔暇，弟嘏娶李續女。李為曹州刺史，令兵馬使國邵南勾當障車後，邵南因睡，忽夢崔妻在一廳中，女立於牀西，崔嘏在牀東，女執紅牋題詩一首，笑授嘏。嘏因朗吟之，詩言：「莫以貞留妾，從他理管絃。容華難久駐，知

得幾多年」。夢後纔一歲，崔暇妻卒。（酉陽雜俎）

足下不沾

衞中行爲中書舍人時，有故舊子弟赴選，投衞論囑，衞欣然許之。駁榜將出，其人忽夢乘驢渡水，蹶墜水中。登岸而靴不沾濕。選人與祕書郎韓皐有舊，訪之。韓被酒，半戲曰：「公今年選事不諧矣！據夢，衞生相負足下不沾」。及榜出，果駁放。韓有學術，韓僕射猶子也。（酉陽雜俎）

夢馬

王蜀時，有朱卿少者，不記其名，貧賤客於成都，因寢于旅舍。夢中有人扣扉，覓朱少卿。其聲甚厲，驚覺，訪之，寂無影響。復睡，夢中又連呼之。俄見一人，手中執一卷云：「少卿果在此」。朱曰：「吾姓即同，少卿即不是」。其人遂卷文書兩頭，只留一行，以手遮上下，果有朱少卿三字。續有一人，自外牽馬一匹，直入云：「少卿領取」。朱視之，其馬無前足，步步側蹶，匍匐而前，其狀異常苦楚。朱大驚而覺，常自惡之。後蜀王開國，有親知引薦，果至司農少卿。無何膝上患瘡，雙足自膝下俱落。痛苦經旬，五月五日殂。乃馬夢之徵也。（王氏見聞）

幽靈賦詩

監察御使李叔霽者，與兄仲雲俱進士擢第，有名當代。大歷初，叔霽卒。經歲餘，其妹夫與仲雲同寢，忽夢叔霽相見，依依然語及仲雲，音容慘愴曰：「幽明理絕，歡會無由，正當百年之後，方得聚耳。我有一詩，可爲誦呈大兄；詩云：「忽作無期別，沉冥恨有餘。長安雖不遠，無信可傳書」」。後數年，仲雲亦卒。（廣異記）

夢人來縛

商靈均、義熙中，夢人來縛其身。將去形神乖散。復有一人云：「且置之，須作衡陽，當取之耳」。後除衡陽守，辭不得免，果卒官。（夢苑）

孫光憲

荊南節度使高保融有疾，幕吏孫光憲夢在渚宮池，與同僚偶坐，而保融在西廳獨處，唯姬妾侍焉。俄而高公弟保勗見召，上橋授以筆硯，令光憲指撝發軍，仍遣廳頭二三子障蔽。光憲不欲，保融遙見逡巡，有具櫜鞬將校列行俟命。次見掌節吏嚴光楚、鞟而前趨。手捧兩黑物，其一則如黑漆鞾而光。其一即尋常鞾也。謂光憲曰：「某曾失墨兩挺，蒙王黜責，今果尋獲也」。良久，夢覺。翌日說于同僚，踰月而保融卒。節院將嚴光楚具帖子取處分倒節，光憲請行軍司馬王甲判之；「墨者、陰黑之物，節而且黑，近於凶象。即向之所夢，倒雙節之謂也」。（北夢瑣言）

心神辭去

北齊侍御史李廣，博覽群書，修史夜夢一人曰：「我心神也，君役我太苦，辭去。」俄而廣疾卒（獨異志）

第三篇 因果

「無往不復者，天之道；有施必報者，人之情。善有善應，惡有惡報。如尚有未報應者，乃遲速有時。蓋「種瓜得瓜，種豆得豆。」有因必有果，有果必有因。既已種因，終必有果。其氣機之感，如磁之引針，如石之含火，如疾之隱伏，如日月之旋轉，必有觸發交會之期。故吾人不可因善小而莫為，不可因惡小而為之。必戒慎恐懼，如臨深淵，如履薄冰，以期俯仰無愧，夢穩心安。按本篇所引述，均有歷歷不爽之事跡，雖仗倚權勢；或隱惡有術，幸逃陽世一時譴責者，亦難免陰世恢恢天網也。

第一章　善應

不欺心上天

周狀元旋之父，浙人也。多子而貧。其鄰巨室，累貲甲一邑，而妻無嗣。嘗謀於妻曰：「彼多男，神氣勝我，盍求其種乎」？妻初不可。既而久不孕，乃請從命。富翁爲具酒餚召周，意甚慇懃。酒半逸去，令妻出陪。周跼蹐告退，妻勉留之。既數杯，妻屏婢，告以故。周遽起，而妻已使人閉門，不得出。周面壁不顧，適有筆硯在案，漫取以書云：「欲傳種子術，恐欺心上天」，如此數百句。妻彷徨失意，叱婢啓門放客，惱罵而入。其後旋中鄉試入都，知府夢見出城迎狀元，前導從甚盛，旗旛數十柄，皆作對語於上云：「欲傳種子術，恐欺心上天」。知府覺而不諭，曰：「此何祥也」？已而報周旋有大魁之捷，知府登其門，爲其父致賀，自述其夢而不解旗上語。某笑而不答。固問之，乃密語曰：「二十年前，老夫曾題於某家之垣墉，可驗也」。知府使人視之，果然。乃知一念一語之公，雖在暗室，神明知而福之矣。旋、溫州人。（稗史）

神錫玉童

南陽李翁某，乃閣老文達公大父故商也。載綿花一大船抵湖湘鬻賣。有臨江客三人，釀金三百兩易花。在邸舍不戒於火，盡焚訖。三人擊胸大慟曰：「本盡赤手，歸不得矣！非死則行乞耳」。李來唁，笑曰：「公等何憂至是？貨之售不售，僅一間耳！我即失價，貧不至死，何忍爲公禍乎」？即持金盡與之，垂橐而歸。三人德翁，偏禱神廟。是時，翁尚在途，而家已夢二緋衣神稱翁陰德，錫以玉童。明年，文達公生，中宣德癸丑進士，天順末，正位首揆。（稗史）

武穆示夢

錫山磚橋，李公豹，誠慤不欺，生平無失行。年八十餘，日以修身寡過爲事。家奉岳武穆王像，嘗夢王告曰：「明日有一顧尚書過此，以其祖積德而生」。詰午，松閣顧公可適騎而至，公延欵之，告以夜夢。時顧方爲諸生，甚小。及長，登進士第，任職三四年歸，復詣公。公復夜夢王告曰：「顧生任性傲物，心術己偏，不當大顯，且不壽」。公夢中曰：「其祖積德，遂無報乎」？王曰：「何可無報？當移其慶於他孫耳」。松閣果不久於宦而卒，且斬其嗣。其從兄可

學已致仕久，因與元相厚善，一旦薦之於朝，起爲通政。不數年，遂登八座，加太子太保。（稗史）

好善獲福

陳僖敏公鎰父孟玉、爲人愿慤，鄉閭稱善士。嘗出行登厠，見鐺底飯一塊在厠旁，拾取以水滌而食之。其平居不欲暴殄，率如此。是夜夢神人告之曰：「翁好善如此，當獲福報。吾梓童神也，將降生以大而門。吾在胥門線香橋人家樓上，其家不知奉事，翁今速往迎歸爾」。既覺語其妻，則妻夢亦如之。即訪至其家，主婦出延之登樓，壁掛神像，塵垢脫落，因乞以歸。加裝飾，奉事甚虔。未幾有妊，生信敏，仕至太子太保左都御史。累贈翁如其官，母爲夫人一品云。以予觀之，如信敏公之碩德偉度，功在西土，民皆尸而祝之，爲一時名臣。殆所謂其生有自來者耶？（稗史）

陰德免夭

溫州平陽縣有蕭寺丞震，少夢神人告以壽止十八。至十七歲，父帥蜀，不欲從。詰之，以夢告。父嗜玉筋羹，每取乳牸，烙鐵筋鑽其乳而出之，乳凝筋上，以爲饌。蕭子偶至庵，見縶牛，既知其故，亟以白父，索食單，判免此味。蕭又乞增永字於其上。已而復夢神言：「汝有陰德，不獨免夭，可望期頤」。果至九十餘。（稗史）

諸公宗簡、字國用，嘗以賦役渡錢塘，見人溺江中，公極力救之，遂獲全活。夜夢神人語之曰：「汝命當夭，而好行陰德，宜食報。今與汝長壽，不我信者，以出髭爲左驗」。覺而頤頷癢甚，公故無髭，辰興美髯勃然。人大異之，其家日充拓，飲噉兼人，八十餘卒。

夫夭固命也，尚以陰德增益。是德勝於命，而人可

回天矣。（稗史）

夢蛇得珠

隋侯、姓祝，字元暢。往齊，見一蛇，頭上有血，隋侯以杖挑放水中而去。後回至蛇所，見蛇含珠來，侯不敢取。及回家，夜夢脚踏一蛇，驚醒，乃得雙珠。（稗史）

帝王鬚

周必大、夢一判官曰：「此人多陰德，當位宰相。奈貌陋何」？鬼請爲作帝王鬚。數日，一相士邂逅于門外，捋其

鬚曰：「帝王鬚，眞宰相也」。必大驚服。（稗史）

夢神栽鬚

呂蒙正、祖上極富，因代民輸納郡粮，被累致貧。蒙正故居破窰，一日往廟求神。拾得遺金百兩。隨還失主，絲毫不取。是夜夢神栽鬚三莖，後遂及第，爲參政，謚文穆公。（稗史）

藥餌陰功

眞州人許叔微父，以能醫稱。叔微未第時，其父夢人以偈語贈之云：「藥餌陰功樓陳閭，許殿上呼盧喝六得五」。初不悟其旨。其後，叔微以張九成榜中第六名，遂以太學恩例陞第五名。而上名乃陳祖言，下名乃樓材。方悟其事。（稗史）

仁恕得報

涼武公愬，以殊勳之子，將元和之兵，擒蔡破鄆。數年攻戰，收城下壁，皆仁恕為先，未嘗枉殺一人。誠信遇物，發於深懇。長慶元年秋，自魏博節度使左僕射平章事、詔徵還京師。將入洛，其衙門將石季武先在洛，夢涼公自北登天津橋，季武爲導，以宰相行，呵叱動地。有道士八人乘馬持絳節幡幢，從南欲上，導騎呵之。對曰：「我迎仙公，安知宰相」？招季武與語。季武驟馬而前，持節道士曰：「可記我言，聞於相公」。其言曰：「聳轡排金闕，乘軒上漢槎。浮名何足戀？高擧入煙霞」。季武元不識字，記性又少，及隨道士信之再聞已得。道士曰：「已記得，可先白相公」！乃驚覺，汗流被體，喜以爲相國猶當上仙，況俗官乎？後三日，涼公果自北登天津橋，季武爲導，因入憩天宮寺，月餘而薨。時人以仁恕端慤之心，固合於道，安知非謫仙，數滿而去乎？（續幽怪錄）

神錫二童

唐道士郗法遵、居廬山，簡寂觀。道行精確，獨力撿挍，已歷數年，全無徒弟。忽夢玄中法師謂之曰：「汝無人力，甚見勤勞。今有二童子，所恨年小耳」。既覺，話于衆，出山過民王家，有孩子年纔一晬，見法遵，抱其足，不肯捨。遵去，晝夜啼號不息。遵復至，則欣然。後數年，父母即捨爲童子。又一小兒，姓劉，眼有五色光，父母疑其怪異，因灸眼尾，其光遂絕。已四五歲，亦捨在觀中，相次入道，果符玄中夢授之語矣。（錄異記）

神人授書

袁孝叔者、陳郡人也。少事母，以孝聞。母嘗得疾，踰月不痊。孝叔忽夢一老人，謂曰：「子母疾可治」。孝叔問其居，不告。曰：「明旦迎吾于石壇之上，當有藥遺子」。及覺，乃周覽四境，所居之東十里，有廢觀古壇，見老父在焉。孝叔迎至家，如夢中見者。取出九靈丹一丸，以新汲水服之，即日而瘳。久之，來謂孝叔曰：「吾將有他適，故來訪別。君藏此書，受一命，即開一幅。不爾，當有所損」。孝叔跪受而別。後孝叔寢疾，殆將不救。其家問後事？孝叔曰：「吾爲神人受書，一編未曾開卷，何遽以後事問乎」？

其疾果愈。後孝叔以門蔭調授密州諸城縣尉，五轉而晉縣令，每之任，輒視神書。時日無差，後秩滿歸閑別墅。因晨起，就巾櫛，忽有物墜鏡中，類蛇而有四足。孝叔驚仆于地，不語，數日而卒。月餘，其妻因啓笥，得老父遺書、猶餘半軸，因開視之，後空幾幅，果畫一蛇，盤旋鏡中。孝叔之戚，以元祐初，爲太學生，具言其事。（稗史）

葬婦得報

唐厲玄、渡江見一婦人屍，收葬之。夜夢在一處，如深山中，明月初上，清風吹衣，遙聞有吹笙聲，音韻縹渺。忽有美女在林下，自詠云：「紫府參差曲，清宵次第聞」。及就試，得緱山月夜聞王子晉笙題，用夢中語，作第三第四句，竟以是得賞舉進士。人以爲葬婦之報。（林下詩談）

伍相授賦

建昌李朝隱、字兼美，其家素事伍子胥之神，甚謹。李在太學，以寇至守城得是舉。夢神遣駛卒示以賦一首，其題曰：「光武同符高祖」。夢覺不能記憶。次夜再夢，且使熟讀，遂記悉之。紹興辛亥，江東西舉子，類試于饒州，正用前句作賦題。遂奏名，後官至左通直郎。（稗史）

老君剪舌

唐夔州道士王法朗、舌大而長，呼文字不甚典切，常以爲恨。因發願讀道德經。夢老君與剪其舌。覺而言詞輕利。精誦五千言，頗有徵驗。（錄異記）

貞固免災

荆州刺史桓豁、所住齋中，見一人，長丈餘。夢曰：「我龍山之神，來無好意，使君旣貞固，我當自去耳」。（述異記）

吳氏放鱔

吳中甲乙兩細民、同以漁鱔爲業，嘗得鱔未賣，夢人哀鳴曰：「念我有子在腹」！言至再，驚覺，燃火尋之，聲在桶中，一鱔仰首噞喁。甲悟，乃發心改業，併買乙之所賣者，放諸江潭。鱔迎首引水，隨之而逝。既空手歸，其妻以失利詬之。是夜，夢數十人言：「汝別圖經紀，可往某路二十里間，當遂意」。寤憶所指，非常人行處，試往，約二十里草蔓中，似有物，視之，得開元通寶錢二萬，忻然拜受。歸以爲本，家遂小康。（稗史）

村叟夢鼈

崑山縣、村中一老叟，夢門前河下，泊大舟。舟中買人充滿，皆繩索纏縛，見叟哀呼求救。既寤，迨旦啟戶，岸下果有一舟。視之，滿艙皆鼈也。詢其所至？曰：「販往臨安饗之」。叟悟夢，問所值？曰：「三萬錢」。叟家富，如數買之，盡放諸水。是夜，又夢數百人，被甲唱連珠喏。驚出視之，列拜謝再生之恩。且云：「保君家五世大富，一生無疾，壽終昇天」。叟日康寧，生計日益。乾道中事也。（稗史）

孝感神明

嘉興徐祖、幼孤，叔隗養之，如所生。隗病，祖營作甚勤。是夜，夢二人來云：「汝叔應合死也」。祖叩頭祈請哀愍。二人云：「念汝如此，爲活之」。祖覺，叔乃瘥。（搜神記）

純孝滅鬼

太原王方平、性至孝，其父有疾，危篤，方平侍藥餌，不解者逾月。其後，侍疾疲極，偶於父牀邊坐睡，夢二鬼相語，欲入其父腹中。一鬼曰：「若何爲入」？一鬼曰：「待食漿水粥，可隨粥而入」。既約，方平驚覺，作穿碗，以指承之，置小瓶於其下。候父啜乃去承指粥入餅中，以物蓋上，於釜中煮之，百沸開視，乃滿瓶是肉。父因疾愈。議者以爲純孝所致也。（廣異記）

楊旬三囊

唐夔州推官楊旬，積累陰騭。其子將入試，夢一神曰：「汝積陰德，將汝子名改作楊椿納卷，吾當助汝子」。果得第。次年赴省試，椿夢一神曰：「今年題乃行王道而王」。

及試，果然，亦得第。及殿試，再夢神曰：「汝名在第五甲，吾換作第一卷」。後唱名，果魁天下。及夔使君詢旬陰德，旬乃出三囊示之：第一囊有三十九文當三錢；第二囊有四千餘文折二錢；第三囊有萬數小錢。乃旬詳讞罪囚，有從死罪正為流罪者，即投一折二錢；有從杖罪而次放者，即投一小錢。又每效周篔行太上感應篇十種利益，故獲斯報。（稗史）

放魚得珠

漢武帝、夢大魚求去口中鉤。明日，遊昆明池，見一魚

銜鉤，帝取鉤放之。三日，池濱得明珠一雙。（三秦記）

叔林放鼈

晉陽守、宗叔林，得十頭鼈，付厨曰：「每日以二頭作臛。」其夜，夢十丈夫皀衣袴褶，扣頭求哀。不悟，而食二枚。明夜，又夢八人求命，方悟，乃放之。後夢八人來謝。（搜神記）

崇聖破寇

黔南軍校姓霅者，不記其初名。貧而樂，所居鄰宣父廟，家每食，必先薦之，如是累年。咸通二年，蠻寇侵境，廉使閱兵擇將，未獲。審忽夢一人，冠服若王者，謂曰：「吾則仲尼也，媿君每傾心於吾，吾當助若，仍更名宗儒，自此富貴矣。」既覺，喜而請行，兼請易名。是時人盡難之，忽聞宗儒請行，遂遣之。一戰而大破蠻寇，餘孽皆遁。黔帥表上其功，授朗州刺史。秩滿詣京師，累遷司農卿，賜賚復多，數年卒官。（南楚新聞）

孝感得瓜

後魏宋瓊母病，冬月思瓜。瓊夢見人與瓜，覺，得之手

中，時稱孝感。（夢雋）

護蛇獲報

龍山有數軍人，修築茶園。見一白蛇，大如拱，競舉助斃之。一人姓余者，獨勸阻。來旦，一白衣女子，攜籃下嶺，入林中，衆往奪之。內盛一蕈，軍人將歸，烹之食次。余姓者、忽頭痛不可忍，乃睡。夢其女子云：「此蕈有毒，君不害我，請莫食之！」余即拋棄。旬日，衆人相次嘔血而卒，惟余存焉。（稗史）

愼獄延壽

樂平向仲堪、字元仲，紹興十一年，通判洪州。府帥梁揚祖侍郎，峻于治盜。嘗有殺人盜，委向審問。吏以成牘來，問盜所在？對曰：「彼已伏罪，例不親引，恐開其反覆之端。但占位書名足矣。」向曰：「人命至重，安得不見而詢之？」幹官趙不係譖于梁，梁召向，責其生事。向曰：「如帥司即日逕誅之，何必審實？既付之獄，則當准式引問。若無罪而就死地，想仁人不忍爲也！」梁感悟，遂竟其問，果平人耳遂得釋。

後自池州赴調，宿旅邸，一疾，頻于危殆，夢至殿宇間，聞王者云：「向仲堪有治獄陰德，特延半紀。」既覺，浸以安愈。詣天慶觀啓醮筵，以謝再生。其責詞自述云：「頃既罹于重患，忽得夢于良宵。覬玉嶺之無涯，恍身歷眞都之邃。續龜年而爲永覲，覺聞帝語之詳。」旋復貳處州，終于官，距夢時，正六年數也。（稗史）

縱蛇得報

梁、陰子春，爲東莞太守時，青州刺史王神念、毀臨海神廟，坐棟上有一蛇，役夫不擒，入於海水。爾夜，子春夢見一人詣其府云：「有人見苦，破壞所居。今既無託，欲息此境」。子春心密記之。經日，方知神念毀廟，因辦牲醪，立宇祠之。數日，夢一朱衣人謝曰：「得君厚惠，當以一州相報」。經月餘，魏君欲襲朐山，子春預知，設伏摧破。武帝以爲南青州刺史。（南史）

勸獄得子

一獄官，冬夜苦寒，欲就寢。其妻正色責之曰：「爾暖衣飽食，畏寒不出。獄中罪人，當如何？」其夫悟，自此常留意於獄訟。其妻本倡女，未有所生。一夜夢神人以綠衣槐

簡付之。後生一子，登第。（稗史）

憫貧獲報

宋南豐朱軾、家貧，教學里中。歲暮，得束脩歸，途遇田夫，械繫悲慘。問其故？曰：「欠青苗錢，官司鞭笞已極，行且死耳！」軾憫之，盡以束脩與之納官，其人得釋。邑士人劉澈，累舉不第，默禱於神。一夕夢至官府，有吏語澈曰：「汝生本有微祿，而德有虧，不可得矣！」澈曰：「所虧何事？」吏曰：「爾有弟負官錢，不能助之，致於非命，非虧德乎？」澈曰：「弟自不肖取刑辟，澈何罪？」吏曰：

「行路之人，見且不忍，彼此同氣，何不動心？汝知朱軾助納青苗事耶？將獲報矣。」澈覺，詣軾請問？軾曰有之。澈罔然自失。軾累舉恩至承議，生五子，京為司業。彥為侍制，褒為郎官，襄為郡守，皆顯官。軾壽登八十。（稗史）

第二章　惡果

陳錄事為犬

宋秀州華亭縣吏陳生者、為錄事，不問事之曲直，惟冒賄穩惡，常帶一便袋，每事即納其中。既死託夢於家人曰：

「我在湖州歇山寺爲犬」。家人驚慘詣寺問之。犬見家人至，急避於僧榻下，意若羞見家人，竟不得見而去。僧呼犬語曰：「陳大錄！你家人去矣」。即振尾而出。見腋下垂一物，若便袋狀，內有皮帶周匝繫腹隱然。（稗史）

三世暴死

雷申錫者、江西人，紹興中，一舉中南省高第，廷試前三日，客死都下，捷音與訃踵至鄉里。其妻日夜悲哭。一夕夢申錫如平生。自言：「我往爲大吏，有功德於民，故累世爲士大夫。然嘗誤入死囚，故地下罰我，凡三世如意時暴死

。前一世仕久連蹇，後忽以要官召入，及都門而卒。今復如此，凡兩世矣。要更一世，乃能償宿譴耳」。可以為治獄者之戒。（稗史）

枉殺酷報

陶繼之元嘉末、為秣陵令，嘗枉殺樂伎。夜夢伎來云：「昔枉見殺，訴天得理，今故取君」。遂跳入陶口，仍落腹中。須臾復出，乃相謂曰：「今直取陶秣陵，亦無所用更議王丹陽耳」。言訖遂沒。陶未幾而卒，王丹陽果亡。（述異記）

宋元嘉中、李龍等夜行掠劫。時丹陽陶繼之爲秣陵縣令，令人密尋，遂擒龍等。引人是大樂伎，劫發之夜，此伎與同伴往就人宿，共奏音聲。陶不詳，密爲作欵引隨例申上。而所宿主人及賓客，並相明證。陶知枉濫，但以文書已行，不欲自爲通塞，並諸劫十人於郡門斬之。

此伎聲價藝態本殊，且辨慧。將死之日，曰：「我雖賤隷，少懷慕善，未嘗爲非，實不作劫，陶令已當具知。枉見殺害，若無鬼則已；有鬼必自陳訴」。因彈琵琶，歌數曲而就死。衆知其枉，莫不隕泣。

經月餘，陶令夢伎來至案前云：「昔枉見殺，實所不甘，訴天得理，今故取君」。便跳入陶口，乃落腹中。陶即驚痞。俄而倒狀若風癲，良久蘇醒，有時而發。發即夭矯，頭乃着背，四日而亡。亡後家便貧瘁，二兒早死，餘有一孫，窮寒路次。（還冤記）

欺心即報

龍舒人劉觀任平江浦監酒稅，其子堯擧、字唐卿，因就嘉禾流寓，遇試，僦舟以行。舟人有女，唐卿調之。舟人防閑甚嚴，無由得間。既引試，舟人以爲重扃棘闈，無他慮也。日出市貿易，而試題適唐卿私課，既得意，出院甚早。比二場皆然，遂與女得諧私約，歡如夫婦。

一夕夢黃衣二人馳至報榜云：「郎君首薦」。觀前欲視，其旁一人忽云：「劉堯舉近作欺心事，天符殿一舉矣」。忽覺，驚異。俄而拆卷，堯舉以犍犯見黜。主官皆歎息其文。既歸，觀以夢語之，且詰其近作何事？匿不敢言。次舉亦不第。（稗史）

負祖酷報

江陰人李安撫、歸附於元後，謚恭敏。所居門首立坊曰「恭敏」。近歲子孫以址賣與里人薛氏，土木一新，視昔有加。有客語薛云：「君之門而猶存李氏之坊，恐非君所宜也。」薛深然之。指恭敏之族尊行者，惟唐卿可主其事。乃貽以錢百緡。李欣然撤之。是夕，李疊語呻吟甚苦。妻急呼之，覺曰：「我夢見袍笏大官，自云是我祖，責我不能世守其業，又毀其坊。且罵且撻，我負痛號泣，故致此耳」。語既，暴死莫救。越明年，城燬於兵，薛氏屋復爲瓦礫之區。（稗史）

花犬報怨

紀文達公云：先祖母張太夫人，畜一小花犬，羣婢患其盜肉，陰扼殺之。中一婢曰柳意，夢中恒見此犬來齧，睡輒囈語。太夫知之，曰：「羣婢共殺犬，何獨銜冤柳意？此必柳意亦盜肉，不足服其心也」。考問，果然。（閱微草堂筆記）

夢身爲魚

越州有盧册者，擧秀才，家貧，未及入京，在山陰縣、顧樹村知堰，與表兄韓確同居。自幼嗜鱠，嘗憑吏求魚。韓方寐，夢身爲魚，在潭有相忘之樂，見二漁人，乘艇張網，不覺身入網，被取擲桶中，覆之以葦。復覩所憑吏，就潭商價。吏即揭緦貫綆，楚痛殆不可忍。及至舍，歷認妻子奴僕。有頃，置碪剸之，苦若脫膚，首落，方覺，神癡良久。盧驚問之，具述所夢。遽呼吏訪所市魚處，泊漁子形狀，與夢不差。韓後入釋，住祇園寺。時開成二年也。（酉陽雜俎）

獷悍致怪

紀文達公云：李媼、青縣人，乾隆丁己午間，在余家司爨，言其鄉有農家，居鄰古墓。所蓄二牛，時登墓蹂踐。夜夢有人訶責之，鄉愚精戇弗省。俄而家中怪大作，夜見二物，其巨如牛。蹴踏跳擲，院中盎甕皆破碎。如是數夕。至移磔礀於房上，砰然滾下，火焰飛騰，擊搗衣砧爲數段。農家恨甚。乃多借鳥銃，待其至，合手擊之，兩怪並應聲踣。農家大喜，急秉火出視，乃所蓄二牛也。自是怪不復作，家亦漸落。憑其牛以爲妖，俾自殺之，可謂巧于播弄矣。要亦乘其獷悍之氣，故得以假手也。（閱微草堂筆記）

索賄受懲

段承務者、醫術甚精，居宜興，非有力者，不能屈致。翟公巽參政居常熟，欲見之，託平江守梁仲謨尚書邀之，始來。平江一富人病，求段醫，段曰：「此病不過湯劑數服可愈。然非千五百匹爲酬不可」。其家始許其半，段拂衣而去。竟從其言，復以五十星爲藥資，段復求益，增至百星，始肯出藥，果如其說而瘥。段載其所獲而歸。

中途遇一朱衣曰：「上帝以爾爲醫，而厚取賄賂，殊無濟物心，命杖脊二十」。既寤，猶覺脊痛。令人視之，有搥痕。歸家未久而死。（稗史）

輕薄者戒

扶溝令某霽者、以大歷二年卒。經半歲，其妻夢與霽遇，問其地下罪福？霽曰：「吾生爲進士，陷於輕薄，或毀譏詞賦，或詆訶人物。今被地下所罰，每日送兩蛇及三蜈蚣，出入七竅，受諸苦痛，不可堪忍。法當三百六十日受此罪。罪畢，方得託生。近以他事，為閻羅王所剝舊褲，狼藉為人所笑。可作一褲與我」。婦云：「無物可作」。齊曰：「前者萬年尉、蓋又玄、將二絹來，何得云無」？兼求鑄像，寫法華經。婦並許之，然後方去。（廣異記）

負友受責

郯縣胡章、與上虞管雙、喜好干戈。雙死後，章夢見之，躍刄戲其前。章覺，甚不樂。明日，以符帖壁。章欲近行，已汎舟理檝，忽見雙來，攀留之云：「夫人相知，情貫千載。昨夜就卿戲，值眠，吾即去。今何故以符相厭？大丈夫不體天下之理，我畏符乎」？（稽明錄）

枉獄謀財酷報

溧陽狄某、任雲南定遠縣知縣，有富翁死，而其妻掌家，積有數萬金。叔告縣密囑之曰：「追得若干，願與平分」。狄信之，拘其嫂到官，酷刑拷訊，至以銕釘釘足，滾湯燒乳。於是悉出所有四萬金，狄得二萬。而婦遂齎恨以死。及狄罷歸，一日晝寢，忽見其婦，手持小團魚掛於床上，乃大驚異。未幾遍體生疽，如團魚狀。以手按之，四足俱動，痛徹骨髓，晝夜號呼。踰年乃死。五子七孫，俱死此疽。止一孫僅免，亦無立錐之土。（稗史）

棄親就怨

下邳張禆者，家世冠族，末葉衰微，有孫女殊有姿貌。鄰人欲聘為妾，禆以舊門之後而不許。鄰人忿之，乃焚其屋，禆遂燒死。其子邦先出不在，後還知狀，而畏鄰人之勢，又貪其財而不言，嫁女與之。後一年，邦夢見禆曰：「汝為兒子，逆天不孝，棄親就怨，潛同兇黨」。便捉邦頭，以水中桃杖刺之。邦因病兩日，嘔血而死。邦死日，鄰人又見裨，排門戶直入，張目攘袂曰：「君持勢縱惡，酷暴之甚，枉見殺害，我已上訴，事獲申雪。自後數日，令君知之」。鄰人得病，尋亦殞歿。（還冤記）

陰謀者戒

唐貞觀中，侯君集與庶人承乾通謀，意不自安。忽夢二甲士錄至一處，見一人高冠奮鬢，叱左右取君集威骨來。俄有數人，操屠刀，開其腦上及右臂間，各取一骨片，狀如魚尾。因啽囈而覺，腦臂猶痛。自是心悸力耗，至不能引一鈞

弓。欲自首不決，而敗（酉陽雜俎）

羊報寃

六畜充庖，常理也。然殺之過當，則爲惡業。非所應殺之人而殺之，亦能報寃。烏木齊把總茹大業言：「吉木薩遊擊，遣奴入山尋雪蓮，迷不得歸。一夜，夢奴浴血來曰：「在某山遇瑪哈沁爲䊲，食殘骸骨，猶在橋南第幾松樹下，乞往迹之」。遊擊遣軍校尋至樹下，果血汚狼藉。然視之，皆羊骨。蓋圉卒共盜一官羊，殺于是也。猶疑奴或死他所。越兩日，奴得遇獵者引歸，始知羊假奴之魂，以發圉卒之罪耳

」。（閱微草堂筆記）

無往不復

河間馮樹枏，粗通筆札，落拓京師十餘年。每遇機緣，輒無成就。干祈于人，率口惠而實不至。因祈夢于呂仙祠。夜夢一人語之曰：「爾無恨人情薄，此因緣爾自造也。爾過去生中，喜以虛詞博長者名。遇有善事，心知必不能舉也，必再三慫恿，使人感爾之贊成。遇有惡人，心知必不貸也，必再三申雪，使人感爾之拯救。皆爾身在局外，他人任其利害者也。其事稍稍涉于爾，則退避惟恐不速。坐視其人之焚溺，雖一舉手之力，亦禪煩不爲。此心尚可問乎？由是思惟，人于爾貌合而情疏，外關切而心漠視，宜乎不宜？鬼神之責人，一二行事之失，猶可以善抵。至罪在心術，則爲陰律所不容。今生已矣，勉修未來可也」。後果飢寒以終。

有施必報

羅仰山通政在禮曹時，爲同官所軋動輒掣肘，步步如行荆棘中。性素迂滯，漸恚憤成疾。一日鬱鬱枯坐，忽夢至一山，花放水流，風日清曠。覺神思開朗，壘塊頓消。沿溪散步，得一茅舍，有老翁延入小坐，言論頗洽。老翁問：「何以有病容」？羅具陳所苦。老翁太息曰：「此有夙因，君所未解。君七百年前，爲宋黃筌。某即南唐徐熙也。徐之畫品，本居黃上，黃恐奪供奉之寵，巧詞排抑，使沈淪困頓，銜恨以終。其後輾轉輪迴，未能相遇。今世孽緣湊合，乃得一快其宿讐。彼之加於君者，即君之曾加于彼者也。君又何憾焉？大抵無往不復者，天之道。有施必報者，人之情。既已種因，終當結果。其氣機之感，如磁之引針，不近則已，近則吸而不解。其怨毒之結，如石之含火，不觸則已，觸則激而立生，其終不消釋，如疾之隱伏，必有驟發之日，其終相遇合，如日月之旋轉，必有交會之躔。然則種種害人之術，適以自害而已矣。吾過去生中，與君有舊，因君未悟，故為汦憂患之由。君與彼已結果矣。自今以往，愼勿造因可也」。羅洒然有省，勝負之心頓盡。數日之內，宿疾全除。此余十許歲時，聞霍易書先生言。或曰：「是衞公延璞事，先生偶誤記也。未知其審，幷附識之。（閱微草堂筆記）

修怨樂禍

御史某之伏法也，有問官白晝假寐，恍惚見之。驚問曰：「君有寃耶」？曰言官受賂鬻章奏，於法當誅，吾何寃」？曰：「不寃，何為來見我」？曰：「有憾于君」！曰：「

問官七八人，舊交如我者，亦兩三人，何獨憾我」？曰：「我與君有宿隙，不過進取相軋耳，非不共戴天者也。我對薄時，君雖引嫌不問，而陽陽有德色。我獄成時，君雖虛辭慰藉，而陰陰含輕薄。是他人據法置我死，而君以修怨快我死也。患難之際，此最傷人心！吾焉得不憾」？問官惶恐愧謝曰：「然則君將報我乎」？曰：「我死于法，安得報君？君心如是，自非載福之道。亦無庸我報。特意有不平，使君知之耳」。語訖，若睡若醒，開目已失所在。案上殘茗尚微溫，後所親見其惘惘如失，陰叩之，乃具道始末。喟然曰：「幸哉！我未下石也，其飲恨猶如是。曾子曰：哀矜勿喜，不

其然乎」？所親爲人詆之，亦喟然曰：「一有私心，雖當其罪，猶不服，況不當其罪乎」？（閱微草堂筆記）

恣橫酷報

李輔國恣橫無君，代宗漸惡之。因寢夢登樓，見高力士領數百鐵騎，以戟刺輔國，流血洒地，前後歌呼，自北而去。遣謁者問其故？力士曰：「明皇之命也。」帝覺不輒言，及輔國爲盜所殺，帝異之，方以其夢話於左右。（稗史）

周震變驢

正德中，平陽庠生周震，恃才無忌。甫秋試，語父曰：「我等貴子，非爾所生！」父忍之。忽雙目並盲，作驢鳴聲而卒。又夢震見冥王，王命吏籍之作驢。震喧辨曰：「何罪？」王曰：「汝忤逆不孝，非畜而何？」震曰：「既爾應墮畜產，願求善地！」王曰：「爾眼界自大，更覆雙目，俾行磨受箠。」震語塞，蒙皮而去。（稗史）

惡願之報

建州梨山廟，土人云：故相李回之廟，回貶為建州刺史後，卒於臨川。卒之夕，建安人咸夢回乘白馬入梨山。及凶聞至，因立祠焉。世傳靈應王延政在建安與福州構隙，使其將吳某，帥兵向晉安。吳新鑄一劍甚利，將行，攜劍禱於梨山廟，且曰：某願以此劍手殺千人。其夕夢人謂己曰：「人不可發惡願，吾祐汝，使汝不死於人之手。」既戰敗績，左右皆潰散，追兵將及，某自度不免，即以此劍自刎而死。（稽神錄）

以直報怨

紀文達公云：張石鄰先生，姚安公同年老友也。性伉直，每面折人過。然慷慨尚義，視朋友之事如己事，勞與怨皆不避也。嘗夢其亡友某公，盛氣相詰曰「君兩為縣令，凡故人子弟零替者，無不收恤。獨我子數千里相投，視如陌路何也？」先生夢中怒且笑曰：「君忘之歟？夫所謂朋友，豈勢利相攀援，酒食相徵逐哉？為緩急可恃，而休戚相關也。我視君如兄弟，吾家奴結黨以蠹我，其勢蟠固。我無可如何，我嘗密託君察某某。君目睹其姦狀，而恐招嫌怨，諱不肯言。及某某貫盈自敗，君又博忠厚之名，百端為之解脫。我事之憤不憤，我財之給不給，君固勿問。第求若輩感激稱長者而已。是非厚其所薄，薄其所厚乎？君先陌路視我，而怪我視君如陌路，君忘之歟？」其人瑟縮而退。

此五十年前事也。大抵士大夫之習氣，類以不談人過爲君子。不計其人之親疎，事之利害。余嘗見胡牧亭爲羣僕所剝削，至衣食不給。同年朱學士竹君，奮然代爲驅逐，其子乃得以自存。一時請議稱古道者，百不一二。稱多事者，十恒八九也。（閱微草堂筆記）

只欠八百

宜春郡東安仁鎭有齊覺寺，寺有一老僧，年九十餘，門人弟子有一二世者，彼俗皆只呼爲上公，不記其法名也。其寺常住莊田，孳畜甚多。上公偶一夜夢見一老姥，衣青布元衣，拜辭而去云：「只欠寺內八百！」上公覺而異之，遂自取筆，書于寢壁。同住僧徒，亦無有知之者。不三五日後，常住有老牸牛一頭，無故而死。主事僧于街上市鬻之，只售錢八百，如是數處，不移前價。主事僧具白上公云：「常住牛死欲貨之，屠者數輩皆酧價八百。」上公歎曰：「償債足矣！」遂令主事僧入寢所，讀壁上所題處，無不嗟歎。（玉堂閒話）

坐邪為蛇

吳可久、越人，唐元和十五年，居長安，奉摩尼教，妻王氏亦從之。歲餘，妻暴亡，經三載，見夢其夫曰：「某坐邪，見爲蛇在皇子坡浮圖下，明旦當死，願爲請僧就彼轉金剛經，冀免他苦。」夢中不信，叱之，妻唾其面。驚覺，面腫痛不可忍。妻復夢於夫之兄曰：「園中取龍舌草，搗傅立愈。」兄寤，走取授其弟，尋愈。詰旦，兄弟同往請僧轉金剛經，俄有大蛇從塔中出，擧首徧視，經終而斃。可久歸佛，常持此經。（報應記）

雷甥周張氏

三水杜之英先生云：高姻丈伯循有遠戚周某，濾縣人，娶媳張氏，悍潑忤逆，其子懦弱不能制，老夫婦隱忍已非朝夕。某夜，忽同夢天上露金字一行，文曰：「六月十三日雷劈周張氏」，以爲積金所成，未加注意。詎料翌晚，復夢如前，其子亦然。僉以此婦雖然不孝，但其罪不致上動天誅，乃惻然虔禱，願各減壽代爲求宥。時在五月底，距期尚遠，張氏初不置信，行爲如故。及至是日上午，仍然風和日麗，毫無影光。張氏嘲笑翁姑迷信，邀鄰人抹牌爲戲。詎至午時，天際忽起烏雲，大雨如注，雷電交作。張氏駭奔樓上，嚴閉門窗，匿身大衣櫃中。無何，霹靂一聲，樓上門窗洞啓，果將張氏攝至街前轟斃，並將樓下某夫妻及其子震死，鄰人

多方救治始甦。但其子額角被電火灼傷，痊後仍留黑誌，百治莫去。（幽冥問答錄）

按：天示兆，所以儆人之過失：「改則禍消，不改則咎罰」。惜周張氏不特未能改悔，且嘲笑翁姑為迷信，宜其難逃天誅矣。

第四篇 鬼神

易繫辭傳云：「原始反終，故知死生之說。精氣爲物，遊魂爲變，是故知鬼神之情狀」。又云：「凡天地之數，五十有五，此所以成變化而行鬼神也」。中庸曰：「鬼神之爲德，其盛矣乎！視之而弗見，聽之而弗聞，體物而不可遺（言其爲物之體，而物所不能遺也）。使天下之人，齋明盛服，以承祭祀。洋洋乎，如在其上，如在其左右」。論語謂：「祭如在，祭神如神在」。子曰：「吾不與祭，如不祭」。管子並云

：「順民之經，在明鬼神祇山川」。墨子且有明鬼之篇。嗣後言鬼神之事者，更指不勝屈，尤以抱朴子所載爲最肯定，其言曰：「按漢書及太史公記，皆云：齊人少翁，武帝以爲文武將軍，武帝所幸李夫人死，少翁能令武帝見之，如生人狀。又令武帝見竈神，此史籍之明文也。夫方術既令鬼見其形，又令本不見鬼者見鬼，推此而言，其餘亦何所不有也。人有賢愚，皆知己身之有魂魄，魂魄分去則人病，盡去則人死。故分去則術家有拘錄之法，盡去則禮典有招呼之義，此之爲物至近者也。然與人俱生，至乎終身，莫或有自聞見之者也，豈可遂以不聞見之，而云無之乎？若夫輔氏報施之鬼，成湯怒齊之靈，申生交言於狐子，杜伯報恨於周宣，彭生記形於玄豕，如意假體於蒼狗，灌夫守田蚡，子義培燕簡，蓐收之降于莘，欒侯之止民家，素姜之說讖諱，孝子之著文章，神明言於上臨，羅陽仕於吳朝。鬼神之事，著於竹帛，昭昭如此，不可勝數。然而蔽者猶謂無之，況長生之事，世所希聞乎？望使必信，是令蚊虻負山，與井蛙論海也。」本篇所述，雖僅限于夢境，但所應徵，均歷歷可數，眞令人不可思議也。

第一章 幽靈

曹子建

韓仲卿、一日夢一烏幘少年，風姿磊落，神仙人也。拜求仲卿言：「某有文集，在建業李氏，公當名出一時，而爲我討是文而序之。我當陰報爾」。仲卿諾之。去復回曰：「我曹植子建也」。仲卿既寤，檢鄴中書，果得子建集，因分爲十卷，異而序之。即仲卿作也。（稗史）

司馬長卿

此」。

王吉、夜夢一蟛蜞，在都亭，作人語曰：「我翌日當舍此」。吉覺異之，使人於都亭候之。司馬長卿至，吉曰：「此人文章，當橫行一世」。天下因呼蟛蜞爲長卿。卓文君一生不食蟛蜞。（成都舊事）

華妃

開元初、華妃有寵，生慶王琮薨，葬長安，至二十八年，有盜欲發妃冢，遂于塋外百餘步，僞築大墳，若將葬者。乃于其內，潛通地道，直達冢中。剖棺，妃面如生，四肢皆可屈伸。盜等姿行凌辱，仍截腕取金釧。兼去其舌，恐通夢也。側立其尸，而于陰中置燭，悉取藏內珍寶，不可勝數。皆徙置僞冢。乃于城中以輀車載空棺。會日暮，便宿暮中，取諸物置魂車、及送葬車中。方掩而歸。

其未葬之前，慶王夢妃，被髮裸形，悲泣而來曰：「盜發吾冢，又加戳辱。孤魂幽枉，如何可言？然吾必俟其敗于春明門也」。因備說其狀而去。

王素至孝，忽驚起涕泣。明旦入奏，帝乃召京兆尹萬年令以物色備盜甚急。及盜載物歸也，欲入春明門。門吏訶止之，乃搜車中，皆諸寶物。盡收羣盜，拷掠即服。逮捕數十人，皆貴戚子弟、無行檢者。王乃請其魁帥五人得親報仇。

帝許之。皆探取五臟烹而祭之。其餘盡榜殺于京兆門外。改葬貴妃，王心喪三年。（廣異志）

襄陽軍人

晉太元初、符堅遣將楊安侵襄陽。其一人于軍中亡，有同鄉人扶喪歸，明日應到家。死者夜與婦夢云：「所送者、非我尸。倉樂下面者，是也。汝昔爲我作結髮猶存，可解看便知」。迄明日，送葬者果至，婦語母如此。母不然之，婦自至南豐，細檢他家尸，髮如先，分明是其手迹。（幽明錄）

宋無忌

江南戎帥韋建、自統軍除武昌節度使，將行，夢一朱衣人，導從數十來詣韋曰：「聞公將鎮鄂諸，僕所居在焉。棟宇頹毀，風雨不蔽，非公不能爲僕修完也」。韋許諾。及至鎮訪之，乃宋無忌廟，視其像，即夢中所見。因新其廟祠，數有靈驗云。（稽神錄）

黃湯氏

許南金先生言：康熙乙未，過阜城之漫河，夏雨泥濘，馬疲不進，息路旁樹下，坐而假寐。恍惚見女子拜，言曰：「妾黃保寧妻湯氏也。在此爲强暴所逼，以死捍拒，卒被數刃而死。官雖捕賊駢誅，然以妾已被汚，竟不旌表。冥官哀其貞烈，俾居此地，爲橫死諸魂長，今四十餘年矣。夫異鄉丐婦，踽踽獨行，猝遇三健男子，執縛於樹，肆行淫毒。除罵賊求死，別無他術。其齧齒受玷，由力不敵，非節之不固也。司讞者，苛責而已，不亦寃乎？公狀貌似儒者，當必明理。乞爲白之」！夢中猶詢其里居，霍然已醒。後問阜城士大夫，無知其事者。問諸老吏，亦不得其案牘。蓋當時不以爲烈婦，湮沒久矣。（閱微草堂筆記）

煬帝

武德四年，東都平後，觀文殿寶厨新書八千許卷，將載還京師，上官魏夢見煬帝大叱云：「何因輒將我書向京師」？於時太府卿宋遵貴、監運東都、調度，乃於陝州下書，著大船中，欲載往京師，於河值風覆沒，一卷無遺。上官魏、又夢見帝喜云：「我已得書」。帝平存之日，愛惜書史，雖積如山邱，然一字不許外出。及崩亡之後，神道猶懷愛。（恪按：寶厨新書者，並大業所秘之書也）。（大業拾遺）

豆盧榮

上元初、豆盧榮為溫州別駕，榮之妻，即金河公主女也。公主嘗下嫁辟葉，辟葉卒，公主歸榮。榮出佐溫州，公主隨在州數年。寶應初，臨海山賊袁晁攻下台州，公主女夜夢一人被髮流血謂曰：「溫州將亂，宜速去之！不然，必將及禍」。及覺，說其事。公主云：「夢想顛倒，復何足信」？須臾而寢。女又夢見榮謂曰：「適被髮者，即是丈人，今為陰將，浙東將敗，欲使妻子去耳。宜遵承之，無徒戀財物」。女又向公主說之。時江東米貴，唯溫州米賤，公主令人置吳綾數千匹，故戀而不去。他日女夢於父云：「浙東八州，袁晁所陷，汝母不早去，必罹艱辛」。言之且泣。公主乃移居所州，梧州陷，輕身走出，竟如夢中所言也。（廣異記）

目中刺

陳留周氏婢，入山取樵，倦寢。忽夢一女子坐中謂之曰：「吾目中有刺，願乞拔之」。及覺，忽見一棺中有髑髏，眼中草生，遂與拔之。後於路傍得雙金指環。（述異記）

徐羡之亡父

徐羨之爲王雄少傅主簿，夢父作謂曰：「汝從今已後，勿渡朱雀桁，當貴」。羨之後行半桁，憶先人夢迴馬，而以此，除主簿，後果爲宰相。（幽明錄）

劉沙門

劉沙門、居彭城病亡。妻貧兒幼，遭暴風雨，牆宇破壞。其妻泣擁穉子曰：「汝爺若在，豈至於此」？其夜，沙門將數十人料理宅舍，明日完矣。（甄異傳）

張太夫人

紀文達公云：前母即張太夫人姊，一歲忌辰，家祭後，張太夫人晝寢。夢前母以手推之曰：「三妹太不經事！利刄豈可付兒戲」？愕然驚醒，則余方坐身旁，掣姚安公革帶佩刀出鞘矣。始知魂歸受祭，確有其事。古人所以事死如事生也。（閱微草堂筆記）

祭江

秣陵人趙伯倫、曾往襄陽，船人以猪豕爲禱。及祭，但豘肩而已。爾夕，倫等夢見一翁一姥，鬢首蒼素，皆著布衣，手持橈檝，怒之。明發，輒觸沙衝石，皆非人方所禁。更

施厚饌，即獲流通。（幽明錄）

買糕橋

句容鄉婦，有以產死者，厝棺荒墟，其鄰近賣餻店，每日見一婦人，來買餻兩枚，及晚穿錢，必有紙錢灰。適如婦人買餻之錢數。店主怪之。

明日，復來，乃以盆水受其錢。婦遽泣曰：「實告君，我非人也。我以產死，既入棺，而子生，每日買餻哺之。當佑店中，多獲生意，凡買客夜來者，皆我所爲也。」因復哀籲曰：「吾家現已無人，此子久在棺中，終難得活，且與店主同姓，如蒙救出，撫育爲子，則生生世世，銘此大德矣。」店主惻然許之。因曰：「吾恐以開棺獲罪，奈何？婦人曰：「方感大恩，開棺何害？」因告以地址方面，嗚咽拜謝，瞥然而沒。店主依言覓之，果得一棺，啓之，尸尙未朽，即買餻婦也。一孩微有溫氣，灌以薑湯，始能啼能動。店主遂撫爲子，而葬婦棺。及兒已長，頗以貿易致富。店主告以其母墓所在，使往祭焉。

夜夢其母告曰：「吾昔爲汝買餻，每過其溪，浮水而渡，甚覺苦楚。汝今宜建一橋，以便行人。」其子乃建橋溪上，名之曰：「買餻橋」。句容人至今，能道其事。（庸盦筆

記）

殉難知縣顯靈

金匱、華君元超，字鰲峯，平生爲人佚蕩，不拘細行。咸豐七年，以拔貢授廣西向武州州判。大府檄權平樂縣事。未幾，賊陷平樂被執。賊偉其貌，誘之降，不屈。脅以白刃，被傷數處，勃然大罵。賊乃懸密室，每日毒打，凡十四日。問以降否？仍大罵不已。乃殺之，而殘其尸。其中表弟薛文元，覓得其一足，招魂具棺，奉其妻子，懸城而去，沿路乞食以行。適遇蔣廉訪統兵，將赴平樂，文元具稟，稍求資助。廉訪瞿然召見之，問曰：「平樂故令之姓名，是華元超乎？」對曰：「然！」問其貌，「是美髯豐頤頎然以長者乎？」對曰：「然！」廉訪曰：「然則且留此一二日，待吾進勦平樂，克賊而回，然後送行，可乎？吾與華令，素不相知也，前日忽夢平樂令來謁，見其手版，知其姓名。迨進見，但請一安而退，別無言語，而子適至，意者吾軍其捷乎？」越二日，聞官軍得勝而回，並縶得害平樂令之二賊。廉訪召文元，使視之，一毒打用刑，一則手刄加害者也。廉訪乃爲華君設位，殺賊摘心致祭。明日贈白金八兩爲路費云。

（庸盦筆記）

曹公官船

盧江箏笛浦，浦有大舶，覆在水中。云是曹公舶船。嘗有漁人，夜宿其旁，以船繫之。但聞箏笛弦歌之聲，及香氣氤氳。漁人又夢人驅遣云：「勿近官船！」此人驚覺，即移船去。相傳云：曹公載數妓，船覆於此，今猶存焉。（搜神後記）

淑靈呵護家人

相傳縊死之人，往往在其死所，爲厲。然亦有不盡然者；余聞外祖母、陳太夫人之初卒也，每淸晨薄暮，家人恍惚見其形影，出入家祠中。豐神不異平生。其所縕之披裹者，後改爲廚房。一夕竈下養遺火於積薪，夜將半，家人如有聞呼救火者，皆于夢中驚起，則竈前煙燄，已迷漫矣。室中固有水缸，缸內有瓢，咸于煙燄內，望見一麗人，以瓢酌水，連沃叢薪，火已漸熄。家人遽前追視，見薪濞溼水淋漓，瓢亦投在缸外。乃合力傾水滅火。始悟救火者，實陳太夫人也。

外祖早卒，外祖母侯太夫人，艱苦守節，撫育二女，一爲從母適曹氏者，一則先妣也。是時，家貧赤立，恃女紅以度日。侯太夫人、旋得膨脹疾，臥在牀褥，九年未愈。侯太夫人常怨言曰：「彼無端縊死，以後累遺我，使我日受百般苦況，求死不得。鬼如有靈，能攜我同去乎？」一夕，忽夢有妹一人，翩然前來，謂之曰：「我自沒後，得返舊位，未嘗不樂；然繫戀故廬，常來呵護家人。即良人之死，我籲求上帝，跪膝將穿，竟不獲允所請。顧氏家運衰矣。所幸者，吾妹一女，福德兼全，他日外孫鼎盛，吾妹猶及見之。且有三十年陽壽。今疾當全愈矣」。乃以手摩腹，覺冷氣自臍間湧出，一驚而醒。則殘燈熒然，彷彿有人影瞥然而去。腹中癥結，覺已盡消。明日霍然而起。以夢語家人，驚詫良久，終身不復怨陳太夫人。其後，余與諸昆季，常從先妣居外家。道光乙巳，余年八歲，陡患爛喉痧症，諸醫皆束手，以爲必死。余忽于病中見一人，彷彿如陳太夫人畫像，手執盂水灑之，徧體清涼。未數日痧透痂落，病遂釋然。迄今思之，其遺像猶在目中也。（庸盦筆記）

唐伯存

薛福成先生云：余在曾文正公幕府時，蜀人中往來最密者：曰李眉生廉訪、蕭廉甫大令、唐伯存大令、而三人者，又甚相得也。壬申二月，文正公薨。其五月，喪舟取道長江南旋，時柏存、奉大府檄護送，眉生亦自具一舟，送至洞庭湖口。於是喪船、眷船，及屬吏之送別者，水師舢板之護行者，不下數十號。大府調火輪船三號拉之。日駛三四百里。柏存每往來于眉生及曾紀澤之船，晝則聚談，夜則歸其本舟。習以爲常。

自登舟之後，柏存舉措言語，頗改常度。嘗謂眉生曰：「吾不久于人世矣！」欲以後事相屬。眉生詰其故，則欲言復止。恒咄咄書空，皆頹喪無聊語也。眉生百端譬曉，輒復豁然自失，言笑如平時。一夕舟泊大通，柏存于二更歸舟，舟中人皆寢矣。蓋柏存蹤跡飄忽，時往時來，舟中人習見之，故不之伺候也。明旦，其從者，將進盥水，不見柏存。徧問舟人，有一老者答云：「昨夜三更時，忽聞後有人聲，稱李大人、遣舢板船來，接唐老爺者。旋聞洞然有水聲，余謂彼船以篙激水，未之問也。是時，船已開駛許里，咸謂柏存、在眉生船也。

是晚，舟泊九江，乃赴眉生船問之，不見柏存，且云：並未遣舢板船。又徧問水師各舢板，皆云不知。于是有悟者曰：「噫！柏存死矣，此必水鬼冒爲舢板以誑柏存也。柏存今已入水矣。」既而久之，不得確耗。乃懸賞格于沿江上下，有告得柏存尸者，賞銀五百兩。閱月餘，有一木客，在金陵告云：「木筏過大通時，忽有一浮尸，隨篙而起，惟失一首，蓋已飽魚腹矣。因取而埋諸江岸。」木客、亦四川人也。乃遣人隨木客，往大通，掘視之。衣服靴帶，皆係柏存之物。靴頁內，尚有唐煥章名片。乃賞木客，而斂其尸，歸諸四川云。

初柏存之溺也，蕭廉甫、方爲天津縣令，未得柏存凶聞，忽夜夢見柏存，倉皇而至，滿身淋漓，如冒大雨者。見廉甫憮然無言。問以適從何來？不答。固問之，乃曰：「吾亦不知何以一滑便下，竟至于底，不能出也。」因不坐而去。既醒，而凶聞至。（庸盦筆記）

諸仲務

諸仲務、一女顯姨，嫁為朱元宗妻，產亡於家。俗聞產亡者，以墨點面。其母不忍，仲務密自點之，無人見者。元宗為始新縣丞，夢妻來上牀，分明見新白粧，面上有墨點。

（搜神記）

盧元明

後魏盧元明字幼章，為中書侍郎，孝武永熙末，乃居洛東緱山，時元明夢王由攜酒就之言別，賦詩為贈。及覺，憶其詩十字云：「自茲一去後，朝市不復遊。」元明歎曰：「由性不狎俗，旅寄人間，乃有今夢，詩復如此，必有他故也。」經三日，果聞由為亂兵所害。尋其亡日，乃是發夢之夜也。（夢記）

張甲

張甲者與司徒蔡謨有親，僑住謨家，暫數宿行。謨晝眠，夢甲云：「暫行忽暴病患心腹痛，病脹滿不得吐下，某時死。」謨曰：「何以治之？」甲曰：「蜘蛛生斷去脚吞之，則愈。」謨覺，使人往甲行所驗之，果死。（幽明錄）

幽靈護子

司庖楊媪言：其鄉某甲，將死，囑其婦曰：「我生無餘貲，身後汝母子必凍餓，四世單傳，存此幼子，今與汝約！不拘何人，能爲我撫孤則嫁之，亦不限服制月日，食盡則行。」囑訖，閉目不更言，惟呻吟待盡，越半日，乃絕。

有某乙聞其有色，遣媒妁請如約。婦雖許婚，以尚足自活不忍行。數月後，不能舉火，乃成禮。合巹之後，已滅燭就枕，忽聞窗外嘆息聲，婦識其謦欬，知爲故夫之魂。隔窗嗚咽語之曰：「君有遺言，非我私嫁。今日之事，於勢不得不然！君何以爲祟？」魂亦嗚咽曰：「吾來視兒，非來祟汝！因聞汝啜泣卸粧，念貧故，使汝至於此。心脾悽動，不覺喟然耳。」

某乙悖甚，急披衣而起曰：「自今以往，所不視君子如子者，有如日！」靈語遂寂。

後某乙耽玩艷妻，足不出戶，而婦恒悁悁如有失。某乙信愛其子以媚之，乃稍稍笑語。七八載後，某乙病死無子，亦別無親屬。婦據其貲延師敎子，竟得游泮。又爲納婦，生兩孫。至婦年四十餘，忽夢故夫曰：「我自隨汝來，未曾離此。因吾子事事得所，汝雖與彼狎暱，而念念我，燈前月下，背人彈淚。我見之，故不欲稍露形聲，驚爾母子。今彼已轉輪，汝壽亦盡。餘情未斷，當隨我同歸也。」

數日，果微疾，以夢告其子，不肯服藥，荏苒遂卒。其子奉棺合葬於故夫，從其志也。（閱微草堂筆記）

費季

吳人費季客賈數年，時盜多劫，妻常憂之。季與同輩旅宿廬山下，各相問去家幾時？季曰：「吾去家已數年，臨來與妻別，就求金釵以行，欲觀其志，當與吾否耳。得釵仍以著戶楣上。臨發忘道此釵，故當在戶上也。」爾夕妻夢季曰

：「吾行遇盜，死已二年。若不信吾言，吾取汝釵，遂不以行，留在戶楣上，可往取之。」妻覺，揣釵得之，家遂發喪。（搜神記）

宋潁妻

後魏宋潁妻鄧氏，亡十五年，忽夢亡妻向潁拜曰：「今被處分為崇妻，故來辭。」流涕而去。數日崇卒。（夢雋）

人鬼雖殊途，陰陽卻一理。倘真有鬼，則鬼亦由人所變，何足畏懼？如心不正，有所愧對，即見人亦怕，何況乎鬼？如心正，一無愧對，則見鬼亦不怕，何況乎人？昔陸澄問王陽明先生曰：「人怕鬼者，奈何？」先生曰：「只是平日不能集義（事事皆合乎義），而心有所慊，故怕。若素行合乎神明，何怕之有？」子莘曰：「正直之鬼，不須怕；恐邪鬼不管人善惡，故未免怕。」先生曰：「豈有邪鬼，能迷正人？只此一怕，即是心邪，故有迷之者，非鬼迷也，心自迷耳。如人好色，即是色鬼迷；好貨，即是貨鬼迷；怒所所不當怒，是怒鬼迷；懼所不當懼，是懼鬼迷。」紀文達公亦云：「南皮許南金先生最有膽，在僧寺讀書，與一友共榻。夜半，見北壁燃雙炬。諦視，乃一人面出壁中，大如箕。雙炬，乃目光也。友股慄欲死，先生披衣徐起曰：「正欲讀書，苦燭盡，君來甚善！」乃攜一冊背之坐，誦聲琅琅。未數頁，目光漸隱。拊壁呼之，不出矣。又一日如廁，一小童持燭隨。此面突自地涌出，對之而笑。童擲燭仆地，先生即拾燭置怪頂曰：「燭正無台，君來又甚善！」怪物仰視不動。先生曰：「何處不可往？乃來此耶！海上有逐臭之夫，君其是乎？不可負君來意。」即以穢紙拭其口，怪大嘔吐，狂吼數聲，滅燭而沒。自是不復見。先生嘗曰：「鬼魅皆眞有之，亦時或見之。惟檢點生平，無不可對鬼魅者，則此心自不動耳。」

根據上述傳統思想，均信人死有鬼，茲再引數說以資參稽：

玄怪錄云：開元時，有崔尚者，著無鬼論，詞甚有理。既成，將進之，忽有道士詣門求見其論，讀竟，謂尚曰：「詞理甚工，然天地之間，若云無鬼，此謬矣！」尚謂：「何以言之？」道士曰：「我則鬼也，豈可謂無？君若進本，當爲諸鬼所殺，不如焚之。」因而不見，竟失其本。

太平廣記云：鄭國公魏徵，少時好道學，不信鬼神。嘗訪道至恒山，將及山下，忽大風雪，天地昏暗，不能進。忽有道士，策青竹杖懸黃庭經亦至路次。謂徵曰：「何之？」徵曰：「訪道來此，為風雪所阻。」道士曰：「去此一二里予家也，可一宿會語乎？」徵許之。遂同行，至一宅，外甚荒涼，內即雕刻。延徵于深閣對爐火而坐，進以美酒嘉殽，從容論道，詞理博辨，徵不能屈。臨曙，道士言及鬼神之事，徵切言不能侵正直也。道士曰：「子之所奉者，仙道也，何全詘鬼神乎？有天地來有鬼神，夫道高，則鬼神妖怪必伏之。若奉道自未高，則鬼神妖怪反可致之也。何輕之哉？」徵不答。及平旦，道士復命酒以送徵，乃附一簡達恒山中隱士。徵既行，尋山路，回顧宿處，乃一大冢耳。探其簡，題云：「寄山恒山神佐。」徵惡之，投于地。其箭化一鼠而走。徵自此，稍信鬼神。

紀文達公云：先師婁文達公言：有郭生，剛直負氣，偶中秋燕集，與朋友論鬼神，自云：不畏！衆請宿某凶宅以驗之。郭慨然仗劍往。宅約數十間，秋草滿庭，荒蕪蒙翳，扃戶獨坐，寂無見聞。四鼓後，有人當戶立，郭奮劍欲起。其人揮袖一拂，覺口噤體僵，有如夢魘。然心目仍了了。其人磬折致詞曰：「君固豪士，爲人所激因至此。好勝者常情，亦不怪君。既蒙枉顧，本應稍盡賓主意。然今日佳節，眷屬皆出賞月，禮別內外，實不欲公見。公又夜深無所歸，今籌一策，擬請君入甕，幸君勿嗔。觴酒豆肉，聊以破悶，亦幸勿見棄。」遂有數人舁郭至大荷缸中，上覆方桌，壓以巨石。俄，隔缸笑語雜遝，約男女數十，呼酒行炙，一一可辨。忽覺酒香觸鼻，暗中摸索，有壺一杯一，小盤四，橫閣象箸二。方苦飢渴，且姑飲啖。復有數童子，繞缸唱艷歌，有人扣缸語曰：「主人命娛賓也。」亦靡靡可聽。良久，又扣缸語曰：「郭君勿罪！大衆皆醉，不能舉巨石，君且姑耐，貴友行至矣。」語訖遂寂。次日，衆見門不啓，疑有變，踰垣而入，郭聞人聲，在缸內大號。衆竭力移石，乃闖然出，述所見聞，莫不拊掌。視缸中器具、似皆己物，還家訊問，則昨夕家燕，併酒餚失之，方詬誶大索也。此魅可云狡獪矣。然聞之，使人笑，不使人怒，當出甕時，雖郭生亦自啞然也。眞惡作劇哉！余容若曰：是又玩弄爲戲也。

交河汲孺愛、青縣張文甫，皆老儒也。並授徒於獻，嘗同步月南村北村之間，去館稍遠，荒涼闃寂，榛莽翳然。張心怖欲返曰：「墟墓間多鬼，曷可久留？」俄一老人扶杖至，揖二人坐曰：「世間何得有鬼？不聞阮瞻之論乎？二君儒者，奈何信釋氏之妖妄！」因闡發程朱二氣屈伸之理，疏通證明，詞條流暢。二人聽之，皆首肯。共歎宋儒見理之眞，遞相酬對，竟忘問姓名。適大車數輛遠遠至，牛鐸錚然。老人振衣即起曰：「泉下之人，岑寂久矣！不持無鬼之論，不能留二君作竟夕談。今將別，謹以實告，毋訝相戲侮也。」俯仰之間，欻然已滅。是間絕少文士，惟董空如先生墓相近，或即其魂歟？

揚州羅兩峯，目能視鬼，曰：「凡有人處皆有鬼，其橫亡厲鬼多年沈滯者，率在幽房空宅中，是不可近，近則爲害。其憧憧往來之鬼，午前陽盛，多在牆陰。午後陰盛，則四散流行，可以穿壁而過，不由門戶。遇人則避路，畏陽氣也。是隨處有之，不爲害。」

又曰：「鬼所聚集，恒在人烟密簇處。僻地曠野，所見殊稀。圍繞廚灶，似欲近食氣，又喜入溷廁，則莫明其故。或取人跡罕到耶？」所畫有鬼趣圖，頗疑其以意造作，中有一鬼，首大於身，幾十倍，尤似幻妄。然聞先姚安公言瑤涇陳公嘗夏夜挂窗臥，窗廣一丈，忽一巨面窺窗，濶與窗等，不知其身在何處？急掣劍刺其左目，應手而沒。對屋一老僕亦見之，云從窗下地中涌出，掘地丈餘，無所睹而止。是果有此種鬼矣。茫茫昧昧，吾烏乎質之？

第二章　改葬

五丈夫頭

齊景公田于梧邱，夜猶早，公姑坐睡。夢有五丈夫，北面韋廬，稱無罪焉。公覺，召晏子而告以所夢。對曰：「昔者先君靈公田，有丈夫罟而駭獸，故殺之，斷其頭而葬之。命曰：「五丈夫之邱。」此其地耶？公令人掘而求之，則五頭同穴而存焉。公曰：嘻！令更葬之，國人聞而感悅。（人譜類記）

孤竹君子

漢靈帝光和元年，遼西太守黃翻、上書海邊有流屍，露

冠絳衣，體貌完全。翾感夢云：「我伯夷之弟，孤竹君子也。海水懷吾棺槨，求見掩藏」。民嗤視之，皆無病而死。（博物志）

賈明府妻

開元末、洛陽賈氏爲廣漢郡令，將其家之任，欲至白土店東七里，其妻段氏、馬驚墮坑而死，即殯於山中。經兩載，弘農楊昭成、爲益州倉曹，之廣漢，曉發，其妻竇氏、忽於馬上而睡，向後傾倒。昭成自下馭馬，頻呼問，猶不覺。將至白土方寤，云：「向夢有一婦人，衣綠單裙，白布衫，年甫三十，容色艷麗，來控我馬，悲啼久之。自稱段姓，是什郡賈明府之妻，至此身死見留山中。孤魂飄泊，不勝羈獨。夫人後若還京，我有兄名某，現任京兆功曹，可爲相訪，令收己魂，歸於故鄉，深以相囑」。言訖乃去。

昭成其夕宿白土，具以夢問店者。店人云：「賈明府妻坆去此六七里，墜坑而死，殯在中山，已二年矣。其言始末，與夢相類。昭成深異之，因記其事。後入京，尋其段族，具爲說之。段氏擧家悲泣，遂令人往取神柩葬之。（靈異記）

黃帝伶人

稽康、字叔夜，譙國人。少嘗晝寢，夢人身長丈餘，自稱黃帝伶人骸骨，在公舍東三里林中，爲人發露，乞爲葬埋，當厚相報。康至其處，果有白骨脛長三尺，遂收葬之。其夜復夢長人來，授以廣陵散曲。及覺，撫琴而作，其聲甚妙，都不遺忘。（稗史）

短褐書生

唐侍御劉軻者、韶右人也。居廬嶽東林寺，獨處一室，數夢一人衣短褐曰：「我書生也，頃因遊逝於此室，因瘞牖下，屍骸跼促。君能遷葬，必有酬謝」。乃訪於緇屬，果然。劉解所著之衣，覆其骸骼，具棺改葬於虎溪之上。是夜，夢書生來謝，將三雞子勸軻立食。軻嚼而呑焉。後乃精於儒學，善屬文章。因策名上第，歷任史館。（稗史）

不葬父母獲罪冥司

太學生劉鞏，大觀間遊太學，有神祠甚靈，鞏每以前程祈禱。一夕夢神告之曰：「子已得罪於冥司，亟歸」。鞏生平生無大過惡，「願聞獲罪之由」。神曰：「子無他過，惟父母久不葬」。鞏曰：「某尙有兄，何獨獲罪」？神曰：「子爲儒者，明禮義。子兄碌碌不責也」。夢覺，大恐，是年

果卒。（稗史）

跪求遷棺

漢南陽文穎、字叔長，建安中、爲甘陵府丞，過界止宿。夜三鼓時，夢見一人跪前曰：「我昔先人葬我於此，水來湍墓，棺木溺漬水處半，然無以自溫。聞君在此，故來相依，欲屈明日，暫住須臾。幸爲相遷高處」。鬼披衣示穎，而皆沾濕。穎心愴然，即悟。訪諸左右曰：「夢爲虛耳，何足怪」？穎乃還眠。向晨，復夢見，謂穎曰：「我以窮苦告君，奈何不相愍悼乎」？穎夢中問曰：「子爲誰」？對曰：「吾本趙人，今屬汪芒氏之神」。潁曰：「子棺今何所在」？對曰：「近在君帳北十數步水側，枯楊樹下，即是吾也。天將明，不復得見，君必念之」。潁答曰：「諾」！忽然便寤。潁曰：「雖云夢不足怪，此何太過」？左右曰：「亦何惜須臾不驗之耶」！潁即起，率十數人於帳北水上，果得一枯楊。曰：「是矣！掘其下，未幾，果得棺。棺甚朽壞，沒半水中。潁謂左右曰：「向聞於人，謂之虛矣。世俗所傳，不可無驗」。為移其棺，葬之而去。（搜神記）

甄仲舒

鄒湛夢一人拜，自稱甄仲舒，求葬。湛覺思之曰：「舍西瓦土中人也」。乃取葬之。復夢其人來拜謝。（晉書）

移葬高岡

商仲堪、在舟夢一人曰：「君有濟物之心，豈能移我在高燥處，則恩及枯骨矣」。明日，果有一棺逐水。仲堪取而葬之於高岡，酹酒。其夕，夢見其人來拜謝（夢雋）

三古中式

淳熙中、汪玉山爲大宗伯，知貢舉，將就道，約一布衣友，會于富陽蕭寺中，與之對榻，密謂曰：「某此行得與貢舉，其省試易義程文帽中用三古字爲驗」。其人感且喜而去。玉山既知擧，搜易卷中，果有用三古字者，竟置前列。比拆卷，非也。私怪之。未幾得中者來謁，玉山問曰：「老兄易義帽中用三古字何也」？其人對曰：「此事甚怪，某來就試時，假宿富陽蕭寺中，與僧同步，見一棺停于廡下，僧指曰：「此官員女也，殯且十年，無人來問葬」。是夕，夢一女子謂某曰：「官人省試頭場帽中可用三古字，必中。中幸安厝妾骨，爲感」！某用其言，果叨前列，今往葬此女矣。

（稗史）

某官愛妾

董曲江前輩言：乾隆丁卯鄉試，寓濟南一僧寺，夢至一處，見老樹下破屋一間，欹斜欲圮。一女子靚粧坐戶內，紅愁綠慘，摧抑可憐。疑誤入人內室，止不敢進。女子忽向之遙拜，淚涔涔沾衣袂。然終無一言。心悸而寤。越數夕，夢復然。女子顏色益戚，叩額至百餘。欲迫問之，倏又醒。疑不能明。以告同寓，亦莫解。一日散步寺園，見廡下有故柩已將朽，忽仰視其樹，則宛然夢中所見也。詢之寺僧？云是某官愛妾，寄柩於是，約來迎取。至今數十年，絕無音問，又不敢移葬，旁皇無計者久矣。曲江豁然心悟。故與歷城縣相善，乃釀金市地半畝，告於官而遷葬焉。用知亡人以入土爲安，停擱非幽靈所願也。（閱微草堂筆記）

衣食住行，爲人生四大需要。坟墓既爲鬼魂歸宿之所，其重要性，可以想見。苟有所苦，自必設法求改善也。且「鬼有所歸，乃不爲厲。」重視喪葬，不特於鬼有利，對人亦有益也。

第三章　幽婚

張女

淮安西市帛肆、有販粥求利而爲之生者，姓張不得其名。家富於財，居光德里，其女國色也。嘗因晝寢，夢至一處，朱門大戶，棨戟森然。由門而入，望其中堂，若設燕張樂之爲。左右廊，皆施幃幄。有紫衣吏，引張氏於西廊。幕次見少女如張等輩十許人，皆花容綽約，釵鈿照耀。既至，吏促張妝飾，諸女迭助之，理澤傅粉。有頃，自外傳呼，「侍郎來」！自隙間窺之，見一紫綬大官，張氏之兄，嘗爲其小吏，識之，乃言曰：「吏部沈公也」。俄又呼曰：「尙書來」。又有識者、幷帥王公也。逡巡復連呼曰：某來！某來！皆郎官以上六七個，坐廳前。紫衣吏曰：「可出矣」！羣女旋進金石絲竹，鏗鏘震響中，署酒酣，幷州見張氏而視之，尤屬意，謂之曰：「汝習何藝能」？對曰：「未嘗學聲音」。使與之琴，辭不能。曰：「第操之」！乃撫之而成曲。予之箏，亦然，琵琶亦然。皆平生所不習也。王公曰：「恐汝或遺」。乃令口授詩：「鬟梳嫽俏學宮妝，獨立閑庭納夜涼。手把玉簪敲砌竹，淸歌一曲月如霜」。謂張曰：「且歸辭父母，異日復來」！忽驚啼寤。手捫衣帶謂母曰：「尙書詩遺矣」！索筆錄之。問其故？對以所夢。且曰：「殆將死乎」？母怒曰：「汝作魘爾！何以爲辭？乃出不祥言如是」。因臥病累日，外親有持酒肴者，又有將食來者。女曰：「且須膏沐澡瀹」。母聽。良久，艷妝盛色而至。食畢，乃徧拜父母及坐客曰：「時不留，某今往矣」！因授衾而寢。父母環伺之。俄而遂卒。會昌二年，六月十五日也。（唐白行簡

）

長史女

閻陟幼時，父任密州長史，陟隨父在任，嘗晝寢，忽夢見一女子，年十五六，容色妍麗，來與已會，如是者數月，

寢輒夢之。一日夢女來別，音容悽斷，自已是前長史女，死殯在城東南角，明公不以幽滯卑微，用薦枕席。我兄明日來迎己喪，終天永別，豈不悵悵！今有錢百千相贈，以伸允眷。言訖，令婢送錢于寢床下，乃去。陟覺，視床下，果有百千紙錢也。（廣異記）

蘇小小

司馬才仲、初在洛下晝寢，夢一美姝，牽帷而歌曰：「妾本錢唐江上住，花落花開不管流年度。燕子銜將春色去，紗窗幾陣黃梅雨」。才仲愛其詞，因詢曲名？云是黃金縷。

且曰：「後日相見于錢塘江上」。及才仲以東坡先生薦制舉中等，遂爲錢唐幕官。其廨舍後堂，乃蘇小小墓在焉。時秦少章爲錢唐尉，爲續其詞後云：「斜插犀梳雲半吐，檀板輕敲，唱徹黃金縷。夢斷綵雲無覓處，夜涼明月生南浦」。不逾年，而才仲得疾，所乘畫水輿艤泊河塘，拕工遽見才仲攜一麗人登舟，即前聲諾，繼而火起舟尾。狼狽走報，家已慟哭矣。（稗史）

張子長

晉時武都太守李仲文，在郡喪女，年十八，權假葬郡。

城北有張世之代爲郡，世之男字子長，年二十，侍從在廨中，夢一女，年可十七八，顏色不常。自言前府君女，不幸早亡，會今當更生，心相愛樂，故來相見就。如此五六夕，忽然晝見，衣服薰香殊絕，遂爲夫妻。寢息，衣皆有汙，如處女焉。後仲文遣婢視女墓，因過世之婦相問，入廨中，見此女一隻履，在子長牀下，取之啼泣，呼言發冢。持履歸，以示仲文。仲文驚愕，遣問世之：「君兒何由得亡女履耶」？世之呼問兒，兒具陳本末。李張並謂可怪。發棺視之，女體已生肉，顏姿如故，唯右脚有履。子長夢女曰：「我比得生，今爲所發，自爾之後，遂死肉爛，不得生矣！萬恨之心，當

復何言」？泣涕而別。（法苑珠林）

飲食男女，人之大欲，鬼既有知，自難例外。惟人鬼通婚，洵異事耳。

第四章 幽明問答

田耕野夫人

廣西提督、田公耕野，初娶孟夫人早卒。公官涼州鎮時，月夜獨坐衙齋。恍惚夢夫人自樹梢翩然下，相勞苦如平生。曰：「吾本天女，宿命當爲君婦，緣滿仍歸。今過此相遇，亦餘緣之未盡者也」。公問：「我當終何官」？曰：「官不止此，行去矣」。問：「我壽幾何」？曰：「此難言！公卒時，不在鄉里，不在官署，不在道途驛館，亦不歿于戰陣。時至自知耳」。問：「歿後尚相見乎」？曰：「此在君矣！君努力生天即可見，否則不能也」。公後征叛苗，卒于戎幕之下。（閱微草堂筆記）

司馬文宣

司馬文宣、河內人也。頗信佛，元嘉元年、丁母艱、弟喪。數月，見其弟在靈座上，不異平日，迴遑歎咤，諷求飲食。文宣試與言曰：「汝平生勤修行善，若如經言，應得生天，或在人道，何故乃墜此鬼中」？即沈吟俯仰，默然無對。

文宣即夕，夢見其弟云：「生所修善，蒙報生天。靈牀之鬼，是魔魅耳，非某身也。恐兄疑怪，故以白兄」。文宣請僧轉首楞嚴經，令人撲擊之。鬼乃逃入牀下，又走戶外，形稍醜惡。舉家駭懼，詈叱遣之。鬼云：「飢乞食耳」。經日乃去。

頃之，母靈牀頭，有一鬼，膚體赤色，身甚長壯。文宣長子孝祖與言，往反答對周悉。初雖恐懼，久稍安習之，鬼亦轉相附狎，居處出入，殆同家人。于京師轉相報告，往來觀者，門限疊跡。時南林寺有僧、與靈珠寺僧舍沙門、與鬼言論，亦甚欵曲。鬼云：「昔世嘗爲尊貴，以犯衆惡，受報未竟，果此鬼身」。云：「寅年有四百部鬼，大行疾癘，所應罹災者，不悟道人耳，而犯橫極衆，多濫福善，故使我來監察之也」。僧以食與之，鬼曰：「我自有粮，不得進此食也」。舍曰：「鬼多知，我生來何因作道人」？答曰：「人中來，出家因緣，本誓願也」。問諸存亡生死所趣，略皆答對，具有靈驗。條次繁多，故不曲載。舍曰：「人鬼道殊，汝既不求食，何爲久留」？鬼曰：「此間有一女子，應在收捕。而奉戒精勤，故雖可得。比日稽留，因此故也。藉亂主人，有愧不少」。自此以後，不甚見形。復往覘者，但聞語耳。時元嘉十年也。至三月二十八日，語文宣云：「暫來寄住，而汝傾家營福，見畏如此，那得久留」？孝祖云：「聽汝寄住，何故據先人亡靈筵耶」？答曰：「汝家亡者，各有所屬。此座空設，故權寄耳」。於是辭去。（冥報記）

袁炳

宋袁炳、字叔煥，陳郡人。泰始末，為臨湘令亡，後積年，友人司馬遜、于將曉間如夢見炳來，陳敘闊別，問訊安否？既而謂遜曰：「吾等平生立意著論，常言生爲馳役，死爲休息，今日始知定不然矣！恒患在世有人務馳求金幣，共相贈遺。幽途此事，亦復如之」

遜問罪福應報定實如何？炳曰：「如我舊見，與經敎所說，不盡符同。將是聖人抑引之談耳。如今所見，善惡大科，略不異也。然殺生故最爲重禁，愼不可犯也」。遜曰：「卿此徵相示，良不可言，當以語白尙書也」。炳曰：「甚善！亦請卿敬詣尙書」。時司空王僧虔爲吏部，炳遜世爲其遊賓，故及之。往返可數百語，辭去。遜曰：「濶別之久，恒思少集。相値甚難，何不且住」？炳曰：「止暫來耳，不可得久留！且此輩語，不容得委悉」。揖別而去。

初、炳來暗夜，遜亦了不覺所以，天明得覩。見炳既去，遜下牀送之，始躡屐而還暗，見炳脚間有光，可尺許，亦得照其兩脚，餘地猶皆闇云。（冥祥記）

蘇韶

蘇韶、字孝先，安平人也。仕至中牟令卒。韶伯父承為南中郎軍司而亡。諸子迎喪還到襄城，第九子節、夢見鹵簿，行列甚肅，見韶使呼節曰：「卿犯鹵簿，罪應髡刑」。節俯首受剃，驚覺，摸頭，即得斷髮。明暮，與人共寢，夢見韶曰：「卿髡頭未竟」。即復剃如前夕。其日暮，自備甚謹，明燈火，設符刻。復夢見韶，髡之如前夕者五。節素美髮，五剃而盡，間六七日，不復夢見。後節在車上，晝日韶自外入，乘馬，着黑介幘，黃練單衣，白襪，幽履、憑節車轅。節謂其兄弟曰：「中牟在此」。兄弟皆愕視，無所見。問：「韶君何由來」？韶曰：「吾欲改葬」。即求去曰：「吾當更來」。出門不見。數日又來，兄弟遂與韶坐。節曰：「若必改葬，別自敕兒」。韶曰：「吾將爲書」。節授筆，韶不肯，曰：「死者書，與生者異」。爲節作書，其字像胡書。乃笑，即喚節爲書曰：「古昔魏武侯、浮于西河，而下中流。顧謂吳起曰：美哉！河山之固，此魏國之寶也。吾性愛好京洛，每往來出入瞻視邙上，樂哉！此萬世之基也。北背孟津，洋洋之河。南望天邑，濟濟之盛。此志雖未言，銘之于心矣。不圖奄忽，所懷未果前志。十日便速改葬，在軍司墓次，買數畝地便足矣」。

節與韶語，徒見其口動，亮氣高聲，終不爲傍人所聞。延韶入室，設坐祀之。不肯坐，又無所饗。謂韶曰：「中牟平生好酒魚，可少飲」。韶手執杯飲盡曰：「佳酒也」。節視杯空，既去，杯酒乃如故。前後三十餘來，兄弟狎玩。節問所疑？韶曰：「言天上及地下事，亦不能悉知也。顏淵卜商，今見爲修文郎；修文郎凡有八人，鬼之聖者」。節問：「死何如生」？韶曰：「無異，而死者虛，生者實，此其異也」。節曰：「死者何不歸屍體」？韶曰：「譬如斲卿一臂以投地，就剝削之，于卿有患不死之去屍骸如此也」。節曰「厚葬以墳壠，死者樂此否」？韶曰：「無在也」。節曰：「若無在，何故改葬」？韶曰：「今吾誠無所在，但欲述生時意耳」。弟曰：「兒尚小，嫂少，門戶坎軻，君顧念否」？韶曰：「我無復情耳」。節曰：「有壽命否」？韶曰：「各有」。節曰：「節等壽命，君知否」？曰：「知語卿也」。節曰：「今年大疫病何」？韶曰：「劉孔才爲太山公欲反，擅取人以爲徒衆。北帝知孔才如此，今已誅滅矣」。節曰：「前夢君剪髮，君之鹵簿導誰也」？韶曰：「濟南王也。卿當死，吾念護卿，故以刑論卿」。節曰：「能益生人否」？韶曰：「死者時自發意念生，則吾所益卿也。若此自無情，而生人祭祀求福無益也」。節曰：「前夢見君，豈實相見否」？韶曰：「夫生者夢見亡者，亡者見之也」。節曰：「生時仇怨，復能害之否」？韶曰：「鬼重殺不得自從」。節下車，韶大笑節短，云似趙麟舒，趙麟舒短小，是韶婦兄弟也。韶欲去，節留之，閉門下鎖鑰，韶爲之少住。韶去，節見門故閉，韶已去矣。韶與節別曰：「吾今見爲修文郎守職

，不得來也」。節執手，手軟弱捉覺之乃別。自是遂絕。（王隱晉書）

唐晅妻張氏

唐晅者、晉昌人也。其姑適張恭，即安定張軌之後。隱居滑州衞南，人多重之。有子三人進士擢第，女三人，長適辛氏，次適梁氏。小女姑鍾念，習以詩禮，頗有令德。開元中、父亡，哀毀過禮，晅常慕之。及終制，乃娶焉而留之衞南莊。開元十八年，晅以故入洛，累月不得歸。夜宿主人，夢其妻隔花泣，俄而窺井笑。及覺心惡之，明日就占者問之？曰：「隔花泣者、顏隨風謝，窺井笑者、喜于泉路也」。居數日，果有凶信。晅悲痛倍常。後數歲，方得歸衞南，追其陳迹，感而賦詩曰：「寢室悲長簟，粧樓泣鏡臺。獨悲桃李節，不共夜泉開。魂兮若有感，髣髴夢中來」。又曰：「常侍華堂靜，笑語度更籌。恍惚人事改，冥寞委荒邱。陽原歌薤露，陰壑悼藏舟。清夜莊臺月，空想畫眉愁」。是夕風露清虛，晅耿耿不寐，更深悲吟前悼亡詩，忽聞暗中若泣聲，初遠漸近。晅驚惻覺有異，乃祝之曰：「倘是十娘子之靈，何惜一相見敍也？勿以幽冥隔礙宿昔之愛」。須臾，聞言曰：「兒郞張氏也！聞君悲吟相念，雖處陰冥，實所惻愴。

媿君誠心，不以沉魂可棄，每所記念，是以比夕與君相聞一。晅驚歎流涕嗚咽曰：「在心之事，卒難申敘，然須得一見顏色，死不恨矣」！答曰：「隱顯道隔，相見殊難，亦慮君亦有疑心，妾非不欲盡也」。晅詞益懇，誓無疑貳。俄而聞喚羅敷先出前拜言：「娘子欲敘夙昔，正期與七郎相見」。晅問羅敷曰：「我開元八年、典汝與仙州康家，聞汝已于康家死矣。今何得在此」？答曰：「被娘子贖來，今看阿美」。阿美即晅之亡女也。晅又惻然。須臾，命燈燭，立于阼階之北。晅趨前而泣拜。妻答拜。晅乃執手敘以平生，妻亦流涕謂晅曰：「陰陽道隔，與君久別，雖冥寞無據，至于想思嘗不去心。今六合之日，冥官感君誠懇，放兒暫來。十年一遇，悲喜兼集。又美娘又小，囑付無人。今夕何夕，再遂申歟」。

晅乃命家人列拜起居，徙燈入室。施布帷帳。不肯先坐。乃曰：「陰陽尊卑，以生人為貴。君可先坐」！晅即如言。笑謂晅曰：「君情既不易平生，然聞已再婚。君新人在淮南，吾亦知甚平善」。因語人生修短，固有定乎？答曰：「必定矣」！又問：「佛與道，孰是非」？答曰：「同原異派耳。別有太極仙品總靈之司，出入有無之化，其道大哉！其餘悉如人間所說，今不合具言，彼此為累」。

晅懼，不敢復問。因問：「欲何膳」？答曰：「冥中珍羞亦備，唯無漿水粥，不可致耳」。晅即令備之。既至，索別器攤之而食，向口如盡。及徹之，粥宛然。晅悉飯其從者。有老姥不肯同坐。妻曰：「倚是舊人，不同羣小」。謂晅曰：「此是紫菊，你豈不識耶」？晅方記念別席飯。其餘侍者，晅多不識。聞呼名字，乃是晅從京廻日多剪紙人奴婢所題之名。問妻？妻曰：「皆君所與者」。乃知錢財奴婢，無不得也。

妻曰：「往日常弄一金鏤合子，藏于堂屋西北斗拱中，無有人知處」。晅取，果得。又曰：「豈不欲見美娘乎？今已長成」。晅曰：「美娘亡時襁褓，地下豈受歲乎」？答曰：「無異也」。須臾，美娘至，可五六歲，晅撫之而泣。妻曰：「莫抱驚兒」！羅敷却抱，忽不見。

晅令下簾帷，申繾綣，宛如平生狀，惟手足呼吸冷耳。又問：「冥中居何處」？答曰：「在舅姑左右」。晅曰：「娘子神靈如此，何不還返生」？答曰：「人死之後，魂魄異處，皆有所錄，杳不關形骸也。君何不驗夢中，安能記其身也？兒亡之後，都不記死時，亦不知殯葬之處。錢財奴婢，君與則知，至如形骸，實總不管。

既而綢繆夜深。晅曰：「同穴不遠矣」！妻曰：「曾聞合葬之禮，蓋同形骸，至精神，實都不見，何煩此言也」？曰：「婦人沒地，不亦有再適乎」？答曰：「死生同流，貞邪各異。且兒亡，豈上欲奪兒志，嫁與北庭都護鄭乾觀姪明遠。兒誓志確然，上下矜閔，得免」。晅聞撫然感懷，而贈詩曰：「嶧陽桐半死，延津劍一沈。如何宿昔內，空負百年心」。妻曰：「方見君情，輒欲留答可乎」？晅曰：「曩日不屬文，何以爲詞」？妻曰：「文詞素慕，慮君嫌猜，而不爲言志之事。今夕何爽」？遂裂帶題詩曰：「不分殊幽顯，那堪異古今。陰陽途自隔，聚散兩難心」。又曰：「蘭階玉兎斜，銀燭半含花，自憐長夜客，泉路以爲家」。晅含涕言敍悲喜之間，不覺天明。

須臾，聞扣門聲，翁婆使丹參傳語，令催新婦，恐天明，冥司奪責。妻泣而起，與晅訣別。晅修啓狀以附之。整衣聞香郁然不與世同，此香何方得？答言：「韓壽餘香，兒來，堂上見湯」。晅執手曰：「何時再一見」？答曰：「四十年耳」。留一羅帛子與晅爲念。晅答一金鈿合子。即曰：「前途日限，不可久留，自非四十年內，若于墓祭祀，都無益。必有相饗，但于月盡日黃昏時，於野田中、或于河畔，呼名字，兒盡得也。忽忽不果久語，願自愛」。訖，登車而去，揚被久之，方滅。舉家皆見。事見唐晅手記。（通幽記）

人鬼殊途，幽明永隔，相互問答，誠屬異事。然天下事，實有難以理論者。此類事實，不特傳聞有自，而典籍記載，亦歷歷可數。不知研究靈魂學者，對此作如何觀耶？

第五章 神靈

李膺公

乙未歲，契丹據河朔，晉師拒于澶淵。天下騷然，疲於戰伐。翰林學士王仁裕奉使馮翊，路由于鄭，過僕射坡，見州民及軍營婦女塡咽於道路，皆執錯彩小旗子插於坡中，不知其數。詢其居人，皆曰：「鄭人比家夢李衞公云：請多造旗幡。置於坡中，我見集得無數兵，爲中原剪除戎寇。所乏者旌旗耳。是以家別獻此幡幟。」初未之信，以爲妖言。果旬月之間，擊敗胡虜。及使廻過其坡，使僕者下路訪於草際，存者尚多。（玉堂閒話）

崔從事

福建崔從事，忘其名，正直檢身，幕府所重。奉使湖湘，復命在道遇賊。同行皆死，唯崔倉皇中忽有人引路獲免。

中途復患痁疾，求藥無所，途次延平津廟，夢爲廟神賜藥三丸，服之，驚覺頓愈。

彭城劉山甫自云：「外祖李敬彝爲郎中，宅在東都毓財坊土地最靈，家人張行周事之有應。未大水前，預夢告張求飲食，至其日，率其類遏水頭，並不衝圯李宅。」（北夢瑣言）

溫嶠

古今相傳，夜以火照水底，悉見鬼神。溫嶠平蘇峻之難，及於湓口，乃試照焉。果見官寺赫奕，人徒甚盛。又見羣

小兒兩兩為偶，乘軺車，駕以黃羊，睢盱可惡。溫即夢見神怒曰：「當令君知之。」乃得病也。（志怪）

蔣侯廟

咸寧中，太常卿韓伯子某，會稽內史王蘊子某，光祿大夫劉耽子某，同遊蔣山廟。廟有數婦人像，甚端正。某等醉，各指像，以戲相配匹。即以其夕，三人同夢蔣侯遣傳敎相聞曰：「家子女並醜陋，而猥垂榮顧，謹定某日，悉相奉迎」。某等以其夢指適異常，試往相問，而果各得此夢，符協如一，於是大懼，備三牲詣廟謝罪乞哀。又俱夢蔣侯親來降

已曰：「君等既已顧之，實貪會對。尅期垂及，豈容方更中悔？」經少時，並亡。（志怪）

類此記載，本編已選錄數則，可知雖屬戲言，亦不可任意而發。對於神靈，尤不可稍有褻瀆之念也。

蘇嶺廟

襄陽蘇嶺山廟門，有二石鹿夾之，故謂之鹿門山。習氏記云：「習郁常爲侍中，從光武幸黎邱。郁與光武俱夢見蘇嶺山神，因使立祠」。郭重產記云：「雙石鹿目立如門，採伐人常過其下，或有時不見鹿，因是知有靈瑞。梁天監初，有蜯湖村人於此澤間獵，見二鹿極大，有異於恒鹿，乃走馬逐之。鹿即透澗，直向蘇嶺。人逐鹿至神所，遂失所在，唯見廟前二石鹿。獵者疑是向者鹿所化，遂廻。其夜夢見一人，著單巾幘、黃布袴褶語云：「使君遣我牧馬，汝何驅迫？賴得無他，若見損傷，豈得全濟」？（襄陽記）

女郎神

河西有女郎神、季廣琛少時，曾遊河西，息於旅舍，晝寢，夢見雲車，從者數十人，從空而下，稱是女郎姊妹二人來詣。廣琛初甚忻悅，及覺開目竊見，髣髴猶在。琛疑是妖，於腰下取劍刃之。神乃罵曰：「久好相就，能忍惡心。」遂去。廣琛說向主人，主人曰：「此乃是女郎神也。」琛乃自往市酒脯作祭酹謝前日之過。神終不悅也。於是琛乃題詩於其壁上，墨不成字。後夕，又夢女郎神來，尤怒曰：「終身遣君，不得封邑也。」（廣異記）

臺駘神

晉陽東南二十里，有臺駘廟，在汾水旁。元和中，王愕鎮河東時，有里民黨國清者，善建屋，一夕夢黑衣人至門，謂國清曰：「臺駘神召汝。」隨之而去，出都門行二十里，至臺駘神廟，廟門外有吏卒數十，被甲執兵，羅列左右。國清恐悸，不敢進。使者曰：「子無懼！」已而入謁見，有兵士百餘人，傳導甚嚴。既再拜，臺駘神召國清升階曰：「吾廟宇隳漏，風日飄損，每天雨，即吾之衣裙几席沾濕。且爾爲吾塞其罅隙，無使有風雨之苦。」國清曰：「謹受命。」於是摶塗登廟舍，盡補其漏。既畢，神召黑衣者，送國清還。出廟門西北而去。未行十里，忽聞傳呼之聲。使者與國清俱匿於道左。俄見百餘騎，自北而南，執兵設辟者數十。有一人具冠冕，紫衣，金佩，御白馬，儀狀魁偉，殿後者最衆。使者曰：「磨笄山神也，以明日會食於李氏之門，今夕故先謁吾君於廟耳。國清與使者俱入城門，忽覺目眥，微慘，以手搔之，悸然而寤。

明日，往臺駘廟中，見几上有屋壞泄雨之跡，視其屋，果有補葺之處。及歸行六七里，聞道西村堡中，有簫鼓聲，因往謁焉。見設筵，有巫者呼舞，乃醮神也。國清訊之，曰：「此李氏之居也。李存古嘗爲衞將，往年范司徒罪其慢法。以有軍功，故宥其死，擯於雁門郡。雁門有磨箕山神，存古嘗禱其廟，願得生還。近者以赦獲歸，存古謂磨箕山神所佑，於是醮之。」果與國清夢同也。（河東記）

樂坤

樂坤舊名沖，累擧不第。元和十二年，乃罷擧東歸，至華陰，夜禱嶽廟，以卜進退之計。中夜忽夢一青綬人，檢簿書來報云：「來年有樂坤，名已到冥簿，不見樂沖也。」沖遂改爲坤，來年如其說，春闈後，經嶽祈謝。又祝官位，主簿夢中稱官歷四資郡守而已。乃終望郢州。（雲溪夜談）

劉山甫

唐彭城劉山甫，中朝士族也。其父官於嶺外，侍從北歸，舟於青草湖，登岸見有北方天王祠，因詣之。見廟宇摧頽，香火不續。山甫少有才思，因題詩曰：「壞牆風雨幾經春，草色盈庭一座塵。自是神明無感應，盛衰何得却由人。」是夜夢為天王所責，自云：「我非天王，南嶽神也。主張此地，何為見侮？」俄而驚覺，風浪暴起，殆欲沉溺。遽起悔過，令撤詩板，然後方定。（山甫自序）

竇參

竇參常為蒲圻縣令，縣有神祠，前後令宰皆祀之。竇至，則欲除毀有日矣。夢神謂己曰：「欲毀吾所居，吾害公未得者，蓋以公當爲相。然幸且相存，自知與君往來，可以預知休咎。」既經覺，乃自入祠祭酹，以兄事之。後凡有遷命，皆先報之，頗與神交焉。其神欲相見，必具盛饌於空室之內，羃以簾幕。竇入之後，左右聞二人笑語聲。竇爲柳州別駕，官令有空院，竇因閉之。俄聞有呼聲三四，尋之則無人。竇心動，乃具服仰問之曰：「得非幾兄乎？」曰：「是也！君宜促理宋事，三兩日內，有北使到，君不免矣。」竇依言處置訖，坐待使，不數日，王人遽至，果有後命。（戎幕閒談）

袁雙

丹陽縣有袁雙廟，眞第四子也。眞爲桓宣武誅，便失所在。靈在太元中形見於丹陽，求立廟。未既就功，大有虎災，被害之家，輒夢雙至，催功甚急。百姓立祠堂，於是猛虎用息。今道俗常以二月晦，鼓舞祈祠。爾日常風雨忽至。元嘉五年，設奠訖，村人邱都於廟後，見一物，人面鼉身，葛巾，七孔端正，而有酒氣。未知爲雙之神，爲是物憑也乎？（異苑）

顧邵

顧邵為豫章，崇學校，禁淫祀，風化大行。歷毀諸廟，至廬山廟，一郡悉諫，不從。夜忽聞有排大門聲，怪之。忽有一人，開閤逕前，狀若方相，自說是廬君。邵獨對之，要進上牀，鬼即入坐。邵善左傳，鬼遂與邵談春秋，彌夜不能相屈，邵歎其精辯。謂曰：「傳載晉景公所夢大厲者，古今同有是物也？」鬼笑曰：「今大則有之，厲則不然！」燈火盡，邵不命取，乃隨燒左傳以續之，鬼頻請退，邵輒留之。鬼本欲凌邵，邵神氣湛然，不可得乘。鬼反和遜求復廟，言旨懇至。邵笑而不答。鬼發怒而退，顧謂邵曰：「今夕不能讐君，三年之內，君必衰矣，當因此時相報！」邵曰：「何事忽忽？且復留談論！」鬼乃隱而不見。視門閤悉閉如故。如期，邵果篤疾，恒夢見此鬼來擊之，並勸邵復廟。邵曰：「邪豈勝正？」終不聽，後遂卒。（志怪）

長沙王

晉王僧虔秉政，使從事宗寶統作長沙城。忽見一傳官語曰：「君何敢壞吾宮室？司命官相誅！」尋時，宗寶乃墮馬。其夜，僧虔夢見一貴人來通，語僧虔曰：「吾是長沙王吳

君，此所居之處，公何意苦我？若爲我速料理，當位至三公。」僧虔於是立廟，自後祈禱，無不應。（湘中記）

戴侯祠

豫章有戴氏女、久疾不瘥，見一小石，形像偶人。女謂曰：「爾有人形，豈神能瘥我宿疾者？吾將重汝」。其夜夢有人告之：「吾將祐汝」。自後疾漸瘥，遂爲立祠山下。戴氏爲巫，故名戴侯祠。（搜神記）

青溪姑

晉太元中，謝家沙門竺曇遂，年二十餘，白晳端正，流落沙門。嘗行經青溪廟前過，因入廟中看。暮歸，夢一婦人來語云：「君當來作我廟中神，不復久。」曇遂問婦人，是誰？婦人云：「我是青溪姑」。如此一月許，便卒。臨死謂同學年少曰：「我無福，亦無大罪，死乃當作青溪廟神。諸君行便，可見看之」。既死，後諸年少道人詣其廟。既至，便靈語相勞問，音聲如其生時。臨去云：「久不聞唄聲，甚思之」。其伴慧覲便爲作唄訖，猶唱贊語云：「岐路之訣，尚有悽愴。況此之乖，形神分散。窈冥之歎，情何可言」？既而歔欷不自勝，諸道人等皆爲流涕。（續搜神記）

江神

隆安中、丹徒民陳悝、於江邊作魚簄，潮去，於簄中得一女，長六尺，有容色，無衣裳。水去不能動，臥沙中，與語不應。有一人就姦之。悝夜夢云：「我江神也，昨失路，落君簄中。小人辱我，今當白尊神殺之」。悝不敢歸，待潮來，自逐水而去。姦者尋亦病死矣。（洽聞記）

謝慶

青溪小姑廟，云是蔣侯第三妹。廟中有大穀扶疏，烏嘗產育其上。太元中、謝慶彈殺數頭，即覺體中慄然。至夜，夢一女子，衣裳楚楚，怒云：「此鳥是我所養，何故見侵」？經日，謝卒。慶、名奐，靈運父也。（異苑）

開業寺

至德二年，十月二十三日，豐樂里開業寺，有神人足跡甚長，自寺外門至佛殿。先是閽人宿門下，夢一人長二丈餘，被金甲，執槊，立於寺門外。俄而以手曳其門，扃鐍盡解，神人即俯而入寺。行至佛殿，顧望久而不沒。閽人驚寤。及曉，視其門，已開矣。即具以夢白於寺僧。寺僧共視，見

神人之跡，遂告於京兆。京兆以聞，肅宗命中使驗之，如其言。（異室記）

天王

青龍寺西廊近北，有繪釋氏部族田毗沙門天王者，精彩如動，祈請輻湊。有居新昌里者，因時疫百駭綿弱，不能勝衣，醫巫莫能療。一日自言從釋氏，因肩置繪壁之下，厚施主僧服食於寺廡。逾旬，夢有人如天王之狀，持筋類綆以食病者，復促迫之咀嚼，堅韌力食亥丈，遽覺綿骨木强。又明日能步，又明日能馳，逾月以力聞。先是禁軍懸六鈞弓於門

曰：「能引其半者倍粮以賜，至滿者又倍之。」民應募，隨引而滿。於是服厚祿以終身。（唐闕史）

銀餅

始興林水源裏，有石室，室前磐石上行羅甕中，悉是餅銀。採伐遇之不得取，取之迷悶。晉太元初，民封驅之家僕，密竊三餅歸，發看有大蛇螫之而死。湘州記曰：「其夜驅之夢神語曰：「君奴不謹，盜銀三餅，即日顯戮，以銀相償」。覺視，則奴死銀在矣。（水經）

河神

晉明帝時，獻馬者夢河神請之。及至，與帝夢同，即投河以奉神。始太傅褚褒，亦好此馬。帝云已予河神。及褚公卒，軍人見公乘此馬矣。（孔約志怪）

黑水將軍

弋陽郡東南有黑水河，河派有黑水將軍祠。太和中，薛用弱自儀曹郎出守此郡，爲政嚴而不殘。一夕夢賓者云：「黑水將軍至。」延之，乃魁岸丈夫，鬚目雄傑，介金附鞬。

既坐曰：「某頃溺於茲水，自以秉仁義之心未展，上訴於帝，帝曰：「爾陰位方崇，遂授此任。郎中可爲立祠河上，當保祐斯民。」言訖而寤，遂命建祠設祭，水旱災沴，禱之皆應。

用弱有葛谿寶劍，復夢求之，遂以爲贈，仍刳神前柱幷匣置之，外設小扉加扃鐍焉。乾符戊戌歲，大理少卿徐煥，以決獄平允，授弋陽郡。秋七月出京時方霖霪，東道泥濘，歷崤函，度東周，由許蔡，略無霽日。既渡長淮，宿於嘉鹿館，則弋陽之西境也。時方苦雨淒風，徒御多寒色，煥具酒祈之，其夕乃霽。煥由是加敬，每春秋常祀，必躬親之。明年冬十月，賊黨數千人來攻郡城。渙堅守城不可拔，乃引兵西入義陽。時有無賴者，以廟劍言於賊裨將，將乃率徒破柱取去。既而曉出縱掠，氣霧四合，莫知所如。忽遇一樵童，遂執之，令前導。既越山霧開，乃義營張周寨也。卒與賊遇盡殺之。張周親擒其首，解其劍，復歸諸廟，至今時享不廢。（三水小牘）

盧君

張璞字公直，不知何許人也。爲吳郡太守，徵還，道由盧山。子女觀於祠，室婢使指像人以戲曰：「以此配汝。」

其夜璞妻夢盧君致聘曰：「鄙男不肖，感垂採擇，用致微意。」妻覺怪之，婢言其情。於是妻懼，催璞速發。中流舟不爲行，闔船震恐。乃皆投物於水，船猶不行。或曰：「投女則船爲進。」皆曰：「神意已可知也。以一女而滅一門，奈何？」璞曰：「吾不忍見之。」乃上飛盧臥，使妻沈女于水。妻因以璞亡兄孤女代之，置席水中，女坐其上，船乃得去。旋璞見女之在也，怒曰：「吾何面目於當世也？」乃復投己女。及得度，遙見二女在下，有吏立于岸側曰：「吾盧君主簿也。盧君謝君，知鬼神非匹，又敬君之義，故悉還二女。」問女言：但見好惡吏卒，不覺在水中也。（搜神記）

徐善

江南僞中書舍人徐善，幼孤，家于豫章。楊吳之尅豫章，善之妹爲一軍校所虜。既定，軍校得善，請以禮聘之。善自以舊族，不當與戎士爲婚，固不許。乃强納幣焉，悉擲棄之。臨以白刃，亦不懼。然竟虜之而去。善即詣楊都，求見吳楊渥而訴之。時渥初嗣藩服，府廷甚嚴，僭擬王者，布衣游士，旬歲不得一見。而善始至白沙，渥夜夢人來言曰：「江西有秀才徐善，將來見公，今在白沙逆旅矣。其人良士也，且有情事。公可厚遇之。」且即遣騎迎之。既至禮遇甚厚

，且問所欲言。善具白其妹事。即命贖歸于徐氏。時歙州刺史陶雅聞而異之，因辟爲從事。（稽神錄）

第五篇　地府

李迴秀

尚書李迴秀、素與清禪寺僧靈貞厚善。迴秀卒數年，靈貞夢見兩吏，齎符追之，遂逼促就路，奄然而卒。前至一處，若官曹中。須臾，延謁一人，朱衣銀章。靈貞自疑命當未死。朱衣曰：「弟子誤相追，闍梨當還。」命敕前吏送去。欲取舊路，吏曰：「此乃不可往，當別取北路耳」。乃別北行，路甚荒塞，靈頗不懌。可行數十里，又至一府城。府甚麗，門吏前呵云：「可方便見將軍」。即引入，見一人紫衣據廳事，年貌與李公相類，謂曰：「貞公那得遠來」？靈貞乃知正是。乃延升階，叙及平舊。臨別握手曰：「欲與闍梨論及家事，所不忍言」！遂忽見下淚。靈貞固請之。乃曰：「弟子血祀將絕，無復奈何？可報季友等，四時享奠，勤致豐潔，兼爲寫法華經一部，是所望也」。即揮涕訣。靈貞遂蘇，具以所見告諸子及季友。季友素有至性，即爲設齋，及寫經。唯齋損獨怒曰：「妖僧妄誕，欲誣玷先靈耳」。其後竟與權粱山等謀反，伏誅，兄弟流竄，竟無種嗣矣。（廣異記）

城隍拜會

道光季年，四川寧遠府地震，環府城數十里，城垣房屋，傾陷尤甚。人民牲畜，死者無算。前此三年，有一道士呼于市曰：「牛鳴地裂」。人以其顛狂，不之異也。及是，知寧遠府事牛雪樵先生，壓於壞垣之下，三日後，遇救而蘇，遂有跛疾，而全家皆已壓死，終以無嗣。知西昌縣事鳴謙，及其全家皆死。

有人夜睡，忽覺牀屋滉漾，如在舟中，已而墮于牀下，驟聞天崩地裂之聲，房屋傾倒，竟被牀板撑拄，因得不死。

徐自挖開壞牆而出，思其父在某街某店，欲往救之，而街道幾不可辨，僅誌彷彿。既而見某某店招牌臥地，因呼其父，忽聞有應者曰：「速救我出！汝父尚在我下一層，救我乃可救汝父也。」如其言救之，復救其父，皆得不死。

是時，天色朦朧，莫辨晝夜，冥然孤往，凡諸戚黨朋友，恍惚遇之，與相慰勞，知其無恙，旋見大地，劃然迸裂，海水湧現，奇鬼突出，有頭大如車輪者，長身蟠腹者，百般怪異之狀，森然可怖。須臾地合如故。久之，有礮聲震耳者三，聞人言，天礮鳴矣，於是豁然開朗，復見天日，知已晦冥三日矣。向所遇之戚黨朋友，詢其無恙者，實皆鬼物云。

牛太守嘗自悼曰：「我生平行事，不背古人，爲官未嘗不勤民事，而遽構此阨，天道庸可問乎？」一夕忽夢城隍神拜會，告之曰：「子之所遇誠酷矣！然此定數，不可違也。吾奉上帝命，已三年，迭請展緩，至於無可延宕，而後行事。此三年中，耗盡心血；其不在數，而居此地者，既須設法遣去；其在數，而未到此地者，又須引之使來。終日忙碌，刻無暇晷。即如吾子，本在數中；然吾以子剛方誠篤，力請上帝，僅免其身，亦已煞費苦心矣。」太守自是，遂不復怨尤。後仕至四川按察使。

寧遠淫風頗盛，地震之後，有司督率吏役，檢尸於瓦礫

中，凡得男女合抱之尸，三千餘具；而實係夫婦者，不過八百餘具。淫慝之風，上干天怒，故有此刼云。（庸盦筆記）

王瞻

虔化縣令王瞻，罷任歸建業，泊舟秦淮，病甚。夢朱衣吏執牒至曰：「君命已盡，今奉召」。瞻曰：「命不敢辭，但舟中狹隘，欲寬假之，使得登岸卜居，無所憚也」。吏許諾，「以五日爲期。至日平明，且當來也」。既寤，便下牀，自出僦舍，營辦凶具。敎其子哭踊之節，召六親爲別。至期登榻安臥，向曙乃卒。（稽神錄）

李雲舉僕

乾隆己未，余與東光李雲舉霍養仲，同讀書于雲精舍。一夕，偶論鬼事，雲舉以爲有，養仲以爲無。正辯詰間，雲舉之僕驟然曰：「世間原有奇事，倘吾不身經，雖奴亦不信也。嘗過城隍祠前叢冢間，失足踏破一棺。夜夢城隍拘去，云有人訴我毀其室，心知是破棺事。與之辯曰：『汝室自不合當路，非我侵汝』。鬼又辯曰：『路自當我屋，非我屋當路也』。城隍微笑顧我曰：『人人行此路，不能責汝。人人踏之不破，何汝踏破？亦不能竟釋汝。當償之以冥鏹』。既而曰：「鬼不能自葺棺，汝覆以片板，築土其上可也」。次日，如神敎，仍焚冥鏹。有旋風捲其灰去。一夜，復過其地，聞有人呼我坐。心知爲曩鬼，疾馳歸。其鬼大笑，音磔磔如梟鳥。迄今思之，尚毛髮竦立也」。養仲謂雲舉曰：「汝僕助汝，吾一口不勝兩口矣。然吾不能以人所見爲吾所見」。雲舉曰：「使君鞫獄，將事事目覩而後信乎？抑以取證衆口乎？事事目覩，無此理。取證衆口，不以人所見爲我所見乎？君何以取焉」？相與一笑而罷。（閱微草堂筆記）

婁師德

婁師德、布衣時，常因沉疾，夢一人衣紫來榻前，再拜曰：「君之疾，且間矣！幸與某偕去」。即引公出。忽覺力甚捷，目謂疾愈。行路數里，見有廨署，左右吏卒，朱門甚高，曰：「地府院」，驚曰：「何地府院，而在人間乎」？紫衣者對曰：「冥道固與人接跡，世人又安得而知之」？公入其院，吏卒辟易四退。見一空室，曰：「司命署」。問職何如？對曰：「主世人祿命之籍也」。公因竊視之，有書數千幅，在几上。傍有綠衣者，稱爲按掾。公命出己之籍，按取一軸以進。公閱之，書己名，載其祿位、年月，周歷清貫，出入台輔，壽至八十有五。覽之喜謂按掾曰：「某一布衣耳，無饑凍足矣！又安敢有他望乎」？言未畢，忽有一聲，沿空而下，震徹簷宇。按掾驚曰：「天鼓且動，君宜疾歸，不可留矣」！聞其聲，遂驚悟，始為夢遊耳。時天已曙，其所居東鄰，有佛寺擊曉鐘，蓋按掾所謂天鼓者也。是日，疾亦間焉。後入仕歷官，咸如所載者。及為西京帥，一日見黃衣使者至閤前曰：「冥途小吏，奉命請公」！公曰：「吾嘗見司命之籍，紀吾之位，當至上台，壽凡八十有五，何為遽見命耶」？黃衣人曰：「公任某官時，嘗誤殺無辜人，位與壽，為主吏所降，今則窮矣」。言訖，忽亡所見。自是臥疾三日乃薨也。（宣室志）

京西市人

建中年京西市人、忽夢見爲人所錄至府縣衙，府甚嚴，使人立於門屏外遂去，亦不見召。唯聞門內如斷獄之聲。自屏隙窺之，見廳上有貴人，紫衣據案，左右綠裳執案簿者三四人。中庭朱泚械身鎖項，素服露首，鞠躬如有分雪哀請之狀。言詞至切。其官低頭視事，了不與言。良久，方謂曰：「君合當此事，帝命已行，訴當無益」。泚辭不已，乃至泫泣。其官怒曰：「何不知天命」？令左右開東廊下二院，聞開鎖之聲。門內有三十餘人，皆衣朱紫，行列階下。貴人指示曰：「此等待君富貴，辭之何益」？此人視之，乃李尚、韋駱之輩也。諸人復入，院門又叱泚入西廊一院焉。貴人問左右曰：「是何時事」？答曰：「十月」。又問「何適而可」？曰：「奉天如此」。詰問良久乃已。前追使者復出，謂百姓曰：「誤追君來，可速歸」。尋路而返。夢覺，話於親密。其後，事果驗也。（原化記）

邵元休

晉右司員外郎邵元休、嘗說：河陽進奏官潘某，為人忠信明達，嘗話及幽明，具惑其眞僞。仍相要云：「異日吾兩人，有先物故者，告以地下事，使生者無惑焉」。後邵與潘別數歲，忽夢至一處，稍前進，見東序下帷幕鮮華，乃延客之所。有數客，潘亦與焉。其間一人若大僚，衣冠雄毅，居客之右。邵即前揖，大僚延邵坐。覩見潘亦在下坐，頗有恭謹之色。邵因啓大僚，公舊識潘某耶？大僚唯而已。斯須，命茶，應聲已在諸客之前，則不見有人送者。茶器甚偉，邵將啜之，潘即目邵，映身搖手，止邵勿啜。邵達其旨，乃止。大僚復命酒，亦應聲而至諸客之前，亦不見執器者。尊杯古樣而偉。大僚揖客而飲之。潘復映身搖手而止之，邵亦不敢飲。大僚又食，即有大餅餤下於諸客之前，馨香酷烈。將食，潘又止邵。有頃，潘目邵，令去。邵即告辭。潘白大僚曰：「某與邵故人，今欲送出」。大僚領而許之。二人俱出公署，因言及頃年相邀幽明之事。邵即問曰：「地下如何」？潘曰：「幽明之事，固不可諷，大率于人世。但冥冥漠漠，愁人耳」。言竟，邵辭而去。及寤，因訪潘之存歿，始知潘已卒矣。（玉堂閑話）

陰府失收

政和初、冀州客次中，或言某官之家有異事，語未畢，而某官者至。因自言其妻，生一男一女而死。既再娶矣。一日亡妻忽空中有聲，如小兒吹㕧子狀，二三日輒一至。某問之曰：「君亦有形乎」？即見形如平生，序舊感泣。然近人輒引去，常相距十許步，起執其手，則堅冷如冰鐵。妻勃然掣手去。後五日復來，慍曰：「前日遽驚我何耶」？某再三謝之，竟不可近。久之，後妻忽夢其先祖云：「汝夫前妻爲怪，乃陰府失收耳。今已召捕且獲」。後數日果絕。（稗史）

鄭蘇仙

北村鄭蘇仙、一日，夢至冥府，見閻羅王方錄囚。有鄰村一媼至殿前，王改容拱手，賜以杯茗。命冥吏速送生善處。鄭私叩冥吏曰：「此農家老婦，有何功德」？冥吏曰：「是媼一生無利己損人心」。夫利己之心，雖賢士大夫或不免。然利己者必損人，種種機械，因是而生；種種冤愆，因是而造。甚至遺臭萬年，流毒四海，皆此一念爲害也。此一村婦，而能自制其私心，讀書講學之儒，對之多愧色矣。何怪王之加禮乎」？鄭素有心計，聞之惕然而悟。

鄭又言：此媼未至以前，有一官公服昂然入。自稱所至，但飲一杯水，今無愧鬼神。王哂曰：「設官以治民，下至驛丞閘官，皆有利弊之當理，但不要錢，即爲好官，植木于堂，併水不飲，不更勝公乎」？官又辯曰：「某雖無功，亦無罪」。王曰：「公一生處處求自全，某獄某獄，避嫌疑而不言，非負民乎？某事某事，畏煩重而不擧，非負國乎？三載考績之謂何？無功即有罪矣」。

官大踧踖，鋒稜頓減。王徐顧笑曰：「怪公盛氣耳！平心而論，要是三四等好官，來生尚不失冠帶」。促命即送轉輪王。

觀此二事，知人心微曖，鬼神皆得而窺。雖賢者一念私，亦不免於責備。相在爾室，其信然乎？（閱微草堂筆記）

浙江士人

浙江有士人，夜夢至一官府，云都城隍廟也。有冥吏語之曰：「今某公控其友負心，牽君爲證，君試思嘗有是事否」？士人追憶之良是。旋聞都城隍升坐，冥吏白某控其負心事，證人已至，請勘斷。都城隍奉案示士人，士人以實對。都城隍曰：「此輩結黨營私，朋求進取，以同異爲愛惡，以愛惡爲是非。勢孤則攀附以求援，力敵則排擠以互噬。翻雲覆雨，倏然萬端。本爲小人之交，豈能責以君子之道？操戈入室，理所必然。根勘已明，可驅之去」。顧士人曰：「得無謂負心者，有佚罰耶？夫種瓜得瓜，種豆得豆。因果之相償也，花既結子，子又開花，因果之由生也。彼負心者，又有負心人躡其後，不待鬼神之料理矣」。士人霍然而醒。後閱數載，竟如神之所言。（閱微草堂筆記）

僧明玉

白衣巷僧明玉，言昔五臺一僧，夜恒夢至地獄，見種種變相，有老宿教以精意誦經，其夢彌甚，遂漸至委頓。又一老宿曰：「是必汝未出家前，曾造惡業。出家後，漸明因果，自知必墮地獄，生恐怖心。以恐怖心造成諸相，故誦經彌篤，幻象彌增。夫佛法廣大，容人懺悔。一切惡業，應念皆消。放下屠刀，立地成佛，汝不聞之乎」。是僧聞言，即對佛發願，勇猛精進。自是宴然無夢矣。（閱微草堂筆記）

楊義

紀文達公云：膳夫楊義、粗知文字，隨姚安公在滇時，忽夢二鬼持硃票來拘。標名曰楊乂。義爭曰：「我名楊義，不名楊乂，爾定誤拘」。二鬼皆曰：「乂字上尚有一點，是省筆義字」。義又爭曰：「從未見義字如此寫！當仍是乂字，誤滴一墨點」。二鬼不能強而去。同寢者聞其囈語，殊甚了了。俄，姚安公終歸養，義隨至平彝。又夢二鬼持票來，乃明明楷書楊義字。義仍不服曰：「我已北歸，當屬直隸城隍。爾雲南城隍，何得拘我」？譫訴良久，同寢者呼之乃醒。自云：「二鬼甚憤，似必不相捨」。次日，行至滇南勝景坊下，果馬蹶，墮地死。（閱微草堂筆記）

文儀班

紀文達公云：伯高祖愛堂公，明季有聲黌序間。刻意鄭孔之學，無問冬夏，讀書恒至夜半。一夕，夢到一公廨，榜額曰：「文儀班」。內十許人治案牘，一一恍惚如舊識。見公皆訝曰：「君尙遲七年，乃當歸，今猶早也」。霍然驚寤，自知不永。乃日與方外遊。偶遇道士，論頗洽，留與共飲。道士別後，途遇奴子胡門德曰：「頃一書忘付汝主，汝可攜歸」。公視之，皆驅神役鬼符咒也。閉戶肄習，盡通其術，時時用爲戲劇，以消遣歲月。越七年，至崇禎丁丑、果病卒。半日復蘇曰：「冥司查檢闕三頁。」飭僕取視灰中，果三頁未燼，重焚之，乃卒。

此事姚安公附載家譜中，公聞之先曾祖，曾祖聞之先高祖，先高祖卽手焚是書者也。孰謂竟無鬼神乎？（閱微草堂筆記）

陳生

南宮鮑敬之先生、言其鄉有陳生讀書神祠，夏夜袒裼睡廡下。夢神召至座前，訶責甚厲。陳辯曰：「殿上先有販夫數人睡，某避于廡下，何反獲愆」？神曰：「販夫則可，汝則不可！彼蠢蠢如鹿豕，何足與較？汝讀書而不知禮乎」？蓋春秋責備賢者，理如是矣。故君子之于世也，可隨俗者隨，不必苟異。不可隨俗者不隨，亦不必苟同。世于違禮之事，動曰某某曾爲之。夫不論事之是非，但論事之有無，自古以來，何事不曾有之？可一一據以藉口乎？（閱微草堂筆記）

戴戶部郎中

戴戶部曹臨、以工書供奉內廷。嘗夢至冥司，遇一吏，似故友也。留與談，偶揭其簿，正見己名。名下朱筆草書，似一犀字。吏奪而掩之，意似薄怒。問之？亦不答。忽惶遽而醒。莫測其故。偶告裘文達公，文達沈思曰：「此殆陰曹簡便之籍，如部院之略節。戶中二字連寫，頗似犀字。君其終于戶部郎中乎」？後竟如文達之言。（閱微草堂筆記）

孫友

孫虛船先生言其友嘗患寒疾，昏憒中，覺魂氣飛越，隨風飄蕩，至一官署。諦視門內皆鬼神，知為冥府。見有人自側門入，試隨之行，無呵禁者。又隨眾坐廡下，亦無詰問者。竊睨堂上，訟者如織。冥王左檢籍，右執筆。有一二言決者，有數十言，數百言乃決者。與人世刑曹無少異。琅璫引下，皆服帖無後言。

忽見前輩某公盛服入，冥王延坐，問訟何事？則訴門生故吏之辜恩，所舉凡數十人，意頗悁悁。冥王顏色似不謂然。俟其語竟，拱手曰：「此輩奔競排擠，機械萬端，天道昭昭，終罹冥謫。然神殛之則可，公責之不可。種桃李者，得其實。種蒺藜者，得其刺，公不聞乎？公所賞鑒，大抵附勢之流。勢去之後，乃責之道義，是鑿冰而求火也。公則左矣，何暇尤人」？某公憮然久之，逡巡竟退。友故與相識，欲近前問訊，忽聞背後叱吒聲。一回顧間，悚然已醒。（閱微草堂筆記）

水府

光緒元年二月二十八日招商局福星輪船，放洋北上，將至黑水洋，逢大霧，爲西洋澳順輪船所撞，沉沒海中，海運員董死者二十四人，其中有一委員某君，於是年正月初六夜，夢至一衙署，官册塡委，左旁公案，尙虛無人。有老吏指示之曰：「此君之位也，不久卽來矣。」某君匆匆出問，回顧門額「水府」二字，遽然而醒，至是亦及於難。（庸盦筆記）

劉赤父

劉赤父者，夢蔣侯召爲主簿，期日促，乃往廟陳請：母老子弱，情事過切，乞蒙放恕。會稽魏過，多材藝，善事神，請擧過自代。因叩頭流血。廟祝曰：「特願相屈，魏過何人？而有斯擧。」赤父固請，終不許。尋而赤父死焉。（志

〔怪〕

李都轉

李幼泉都轉、相國肅毅伯之季弟也。常統萬餘人勦賊，以功權鹽運使。將入都候簡，遇疾不果。以癸酉之夏，卒於天津。

方病篤時，都轉厭其困苦，乃密自爲一疏，遣人赴城隍廟焚之。大旨謂：「上念老母，不忍遽謝人世。然修短有定數，原難勉强。自揣生平，尚無大過，若壽數未絕，請即令痊愈；若壽限已到，亦即早令溘逝。免受此淹纏之苦也。」

焚疏未及半小時，都轉忽夢城隍神遣人持柬來招。隨之俱往，與城隍神欵語，片時即返。伯相適來問疾，尚未知都轉焚疏之事也。

都轉自稱疲乏口渴，呼湯飲之，遂語伯相以焚疏之故。且曰：「我向者，到城隍廟一行也。」伯相問見城隍行何禮？都轉曰：「如世俗賓主相見禮，一揖而已。」因述城隍神之祠曰：「人之壽數，非我所能主持，我已將大疏，轉奏上帝矣。子之壽數；原止於此。然子上念老母，孝意可感。且子多年帶兵，有功無過，我料上帝，必有延壽之命，子蓋歸乎？」拱手而別。

伯相聞之頗喜，冀其或有轉機也。不料是日，都轉遽卒。此事伯相親爲余言之。且曰：「當城隍神轉達奏疏之時，彼豈不知上帝之未必能允，而以延壽慰予弟者，蓋城隍神之世故也。（庸盦筆記）

張郎中

南京刑部獄中，所事土地之神凡三：一曰刑部土地，一曰司獄土地，一曰某土地。相承如此，不知其所始。正德某歲，本部郎中張君明，夢入獄中，有金紫二人，巍然並坐。見張來，起而相揖，甚恭。夢中亦省以爲土地神。問之曰：

「二公必某某二尊神歟」？同聲曰：「然」！「尚有一公何在」？二神曰：「今方缺席，正幸得公耳」。張躊躇曰：「某無能，幸爲吾他請得除，感荷誠深」。二神曰：「吾二人正以君剛正明白，喜諧所請，復何辭」？張曰：「然則當在何時」？曰：「暮年耳」。張驚惋而悟。至明年之秋，張曰：「今日殆不免乎」？沐浴衣冠，奄然而殆。（稗史）

夏侯愷

夏侯愷、字萬仁，病亡。愷家宗人兒狗奴、素見鬼，見愷數歸，欲取馬及其弟阮公將去。阮逃狗奴家解喻，及冬得止。愷長子統、向其家說：「昨夢人見縛，與力大爭爾乃得解」。語訖，闔門，忽有光，明如晝，見愷着平上幘，單衣，入坐，如生平。坐西壁大牀，悲笑如生時。聲訖，便切齒作聲，言：「人易我門戶，誣統藏人袒衫，見縛，賴我遣人救之，得解。將數十人，大者在外，小行隨愷。阮牽牀離壁，愷見語阮：「何取牀」？又說「家無主不成居」。阮答：「何不娶妻」？愷曰：「卿與共居爾許年，而作此語也」？諸鬼中當有一人達，阮問：「誰」？愷曰：「兒輩，意不足悅也」。呼見孫兒云：「少者氣弱，勿令近我」！又說：「大女有相，勿輒嫁之」！愷問阮：「欲見亡女可呼之」。阮曰：「女亡已久，不願見也」。愷曰：「數欲見父，而禁限未得見」。又說：「我本未應死，尚有九年。官記室缺，總召十人不識書，不中，皆得出。我書中，遂逼留補缺」。（王隱晉書）

杜畿

魏書杜畿受詔，作御樓船於陶河。試船，遇風覆沒。春秋記其初嘗夢見童子謂之曰：「司命使我召子」。畿固請之，童子曰：「今將爲君求相代者，君愼勿言」。忽然不見。至此二十年矣，乃言之，其日而卒。左傳聲伯之光不誣，則

魏春秋伯侯之事，其可信乎？嗚呼！此兆也，乃數也，天命之矣。（稗史）

孫阿

魏蔣濟、爲領軍也，其妻夢亡兒涕泣言曰：「死生異路，我生時爲卿相子孫，今在地下，爲泰山伍伯，憔悴困辱，不可復言。今太廟西，有孫阿者，將召爲泰山令，願母爲白領軍，囑阿轉我，令得樂處」。言訖，母遂驚寤，以白濟。濟曰：「夢不足憑耳」。明日，母復夢之，言曰：「我今來迎新君，止在廟下，未發之間，暫得歸來。新君明日日中當發，臨發多事，不得復歸，於此願重啓之，何惜一試驗也」？遂說阿形狀，言甚備悉。天明，母又爲言之曰：「昨又夢如此，雖知夢不足憑，何惜一驗之乎」？濟乃遣人詣太廟下，推問孫阿，果得之，形狀如其夢。濟乃涕泣曰：「幾負吾兒」！於是乃見孫阿，具語其事。阿不懼當死，而喜爲泰山令。惟恐濟言之不信也。乃謂濟曰：「若誠如所言，某之願也。不知賢郎，欲得何職」？濟曰：「隨地下樂者與之」。阿許諾。言訖，遣還。濟欲速知其驗，從領軍門下至廟下，十步安一人，以傳阿之消息。辰時傳阿心痛，日中傳阿亡。濟泣曰：「雖哀兒之不幸，喜亡者之有知」。後月餘，母復

夢兒來告曰：「已得轉為錄事矣」。（列異傳）

范文正公

都官員外郎龔公捐館，至五七日，其夫人前一夕夢其還家，急取新裳而去。因問何匆促如此？答曰：「來日當見范文正公，衣冠不可不早正也」。又問范公何為尚在冥間？曰：「公本天人也，現司生死之權」。既覺，因思釋氏書，謂人死五七，則見閻羅王。豈文正公聰明正直，故為此官耶？（稗史）

楊緯

楊緯、字文叔，濟州任城人，以明經中第，累任州縣，皆有能稱。後爲廣州觀察推官。元祐二年正月，以疾卒于官。道遠喪未還鄉，其姪珣一日晡時，恍惚如醉夢中，見其叔騎從甚都，來其家。珣亟拜之，問叔今代滿耶？曰：「我今爲忠孝節義司判官矣。其職甚高而閒逸，故來別汝」。珣久而言曰：「適廣州叔來，其言如是」。衆方悲駭，知緯死矣。

又曰：「叔臨去，有紫衣吏曰：府君好范山下石臺，可

即臺立祠以祀之」。後呼工爲像，一塑遂肖其容。（稗史）

郭翻

晉郭翻、字畏翔，武昌人，敬言之弟子也。徵聘不起，亡數日，其少子忽如中惡狀，不復識人。作靈語，音聲如其父，多知陰世。所問皆答。而昔時庾亮、欲取爲上佐不就。家問曰：「君生有令德，沒爲神明，今豈有官職也」。答曰：「我本無仕進志，以庾公欲見取不顧放，得脫。今復爲羈縶，不得從初願，故爾戚戚也」。問庾今何官？答云：「爲天所用作撫軍大將軍，見居東海之東，統領神兵，取吾爲司馬。本欲取謝仁爲祖之選官，以爲資望未足，且蔣大侯先取爲都尉，是以不能」。問：「陶太尉何官」？答云：「陶辛苦不可言，方在罪謫之侯，過此大得敘用也」。又問：「王丞相、今何職」？答云：「王公爲尙書郎，大屈事事更萬機。位雖不及生時，而貴勢無異也」。諸人曰：「亡後還思後人否」？畏翔曰：「亡已久，則不復念生人，如吾始死，私心未歇，猶目有念也」。靈語兒，求紙筆，欲作書與親舊，捉筆以命兒書之，皆橫行，似胡書。已成一紙曰：「此是鬼書，人莫能識，使人持紙，口授作書。書畢對諸人言：「蘇孝先多作此語，久不作」。復授作詩二首曰：「神散登旻蒼

，性軀忽以亡。追念疇昔志，精魂還逍遙。秉心不得令，不免時所要。薄言告所親，恐謂言妄妖」。於是絕響而去。（太平廣記）

韓文公

韓文公寢疾，召良醫進藥，日有加而無瘳。忽宵中驚悸，既寤而汗洽衾裯。公云：向夜夢神人，長丈餘，金鎧，持戟，直入寢門。我不覺降階拜之。自稱大聖，瞑目謂我曰：「睢遼骨稅國，世與韓為讐，吾欲討之而不能，如何」？我跪答曰：「願從大聖討焉」。不旬日而文公薨，果從其請矣

。（稗史）

許攸、陳康

許攸、夢烏衣吏奉漆案，案上有六封文書，拜跪曰：「府君當爲北斗君，明年七月」。復有一案，四封文書云：「陳康爲主簿」。覺後，康至曰：「今來當謁」。攸聞益懼，問康曰：「我作道師，死不過作社。公今日得爲北斗主簿，余爲忝矣」。明年七月，二人同日而死。（幽明錄）

陸泊

江南陸泊、爲常州刺史，不克之任，爲淮南副使。性和雅重厚，時輩推仰之。副使李承嗣，尤與之善。乙丑歲，九月，承嗣與諸客訪之。泊從客曰：「某明年此月，當與諸客別矣」。承嗣問其故？答曰：「吾向夢人以一騎召去，止大明寺西，可數里，至一大府，署曰：陽明府。入門，西序復有東向大門。下馬入一室。久之，吏引立階下門中。有二綠衣吏，捧一案，案上有書。有一紫衣秉笏取書，宣云：『泊三世爲人，皆行慈孝。功成業就，宜授此官。可封陽明府侍郎，判九州都監事。來年九月十七日，本府上事』。復以騎送歸，奄然遂悟。靈命已定，不可改矣。諸客皆嘻然。至明年九月日，使候其起居，及十六日，承嗣復與向候之客詣之，謂曰：「君明日當上事，今何無恙也」？泊曰：「府中已辦明，當行也」。承嗣曰：「吾常以長者重君，今無乃近妖乎」？泊曰：「唯君與我有緣，他日必當卜鄰」。承嗣默然而去。明日遂卒，葬于茱萸灣。承嗣後為楚州刺史。卒，葬于泊墓之北云。（稽神錄）

王惲

進士王惲、才藻雅麗，尤長體物。著送君南浦賦，為詞人所稱。會昌二年，其友人陸休符、忽夢被錄至一處，有騶卒止之屏外，見若胥靡數十，王惲在其中。陸欲就之，惲面若愧色。陸強牽之語，惲垂泣曰：「近受一職司，厭人聞。指其類：「此悉同職也」。休符恍惚而覺。時惲住揚州，其子住太平。休符異所夢，遲明，訪其家信，得王至洛書。又七日其訃至。計其卒日，乃陸之夢夕也。（酉陽雜俎）

陳文龍

陳文龍興化人，度宗朝狀元，德祐末歸守本州。北兵入閩，生縛至杭，幽于太學側猫兒橋巷。初、文龍入太學，其守土之神岳侯也。一日夢神請交代，意恒悒悒。既而廷對第一，仕宦日顯，前夢不復記矣。

又守鄉州，又夢神遁書，前面曰「交代」，後書年曰「至元」。心甚愕之。未幾國亡身俘，至杭病亟，適故人趙有得來唁，語以前夢，因嘆曰：「社稷人民，一旦易主，此大數也。乃宋未亡之日，鬼神已奉其正朔，豈非天哉！吾今必死於此，爲太學神，前夢不虛也」。數日，果卒。（稗史）

呂譚

呂譚、嘗晝夢地府所追隨見判官，判官云：「此人勳業甚高，當不爲用」。譚便仰白：「毋老子幼，家無所主。」

控告甚切。判官令將過王，尋問左右白：「此人已得一替」。問替爲誰？云是蒯適。王曰：「蒯適名士，職當其任」。遂放譴。譴時與妻兄顧況同宿，既覺，爲況說之。後數十日，而適攝吳縣丞，甚無恙。而況數玩譴，以爲歡笑。適月餘罷職，修第於吳之積善里。忽有走卒衝入謁云：「丁侍御傳語，令參三郎」。適云：「初不聞有丁侍御爲誰」？卒曰：「是仙芝」。適曰：「仙芝卒於餘杭，何名侍御」？卒曰：「地下侍御耳」。適惡之，曰：「地下侍御，何意傳語生人」？卒曰：「兼令相追，不獨傳語。名籍已定，雖可改移一」。適求其白丁侍御，己未合死，乞爲求代。卒去復來云：「

侍御不許，催令促裝」。因中疾，數日而死。（廣異記）

劉青松

廣陵劉青松、晨起夢見一人，著公服，賫板云：「召為魯郡太守」。言訖便去，去後亦不復見。至來日復至曰：「君便應到職」。青松知必死，入告妻子，處分家事，沐浴至晡，見車馬吏侍左右。青松奄忽而絕。家人咸見其升車南出百餘步，漸高而沒。（幽明錄）

王矩

衡陽太守王矩、為廣州，矩至長沙，夢見一人，長丈餘，着白布單衣，將奏在岸上呼矩，奴子過我。矩省奏為杜靈之，入船共語，稱叙希濶。矩問：「君京兆人，何時發來？」答矩：「朝發」。矩怪問之？杜曰：「天上京兆，身是鬼，見使來詣君耳」。矩大懼。因求紙筆曰：「君必不解天上書」。乃更作折卷之，從矩求一小箱盛之，封付矩曰：「君今無開，比到廣州，可視耳」。矩到數月，悁悒，乃開視書云：「令召王矩為左司命主簿」。矩意大惡，因疾卒。（幽明錄）

王思規

長沙王思規為海鹽令，夢見一吏。思規問是誰？吏云：「命召君為主簿」。因出板，置牀前。吏又曰：「期限長遠在十月。若不信我，到七月十五日日中時，視天上當有所見」。思規敕家人至期看天，聞有哭聲，空中見人垂旐羅列，狀如送葬。（甄異錄）

吉礐石

吉未翰從弟礐石，先作檀道濟參軍，嘗病，夢見人着朱衣前來揖云：「特來相迎」。礐石厚為施設求免。鬼曰：「感君延接，當為少停」。乃不復見。礐石漸差。後丁艱還壽陽，復見鬼曰：「迎使尋至，君便可束粧」。礐石曰：「君前已留懷，今復得見愍否」？鬼曰：「前召欲相使役，故停耳。今泰山屈君為主簿，又使隨至，不可辭也」。便見車馬傳敎油軾羅列于前。指示家人，人莫見也。礐石介書呼親友告別，語笑之中，便奄然而盡。（幽明錄）

崔練師

晉州女道士崔練師，忘其名，莫知所造何道。置輜車一乘，傭而自給。或立小小陰功，人亦不覺一二。車於路輾殺一小兒，其父母訴官，追攝駕車之夫，械之。欲以其牛車償死兒之家。其人曰：「此物是崔練師處租來。」官司召練師，并縶之。太守欒元福夜夢冥司崔判官謂曰：「崔練師我之姪女，何罪而縶之？」夢覺，召練師以夢中之言告之。練師對曰：「某雖姓崔，莫知是何長行。」俄而死兒復活。周高祖聞而異之，召崔練師入京，仍擇道士往晉州紫極宮修齋焉。（玉堂閒話）

劉皞

漢宗正卿劉皞，忽夢一人，手執文簿，殆似冥吏，意其知人命祿，乃詰之，仍希閱己將來窮達。吏曰：「作齊王判官，後爲司徒宗正卿。」皞自以朝籍已高，不樂却爲王府官職。夢覺，歷歷記之，亦言於親友。後銜命使吳越，路由鄆州，忽於公館染疾，恍惚意其曾夢爲齊王判官，恐是大四神天齊王也。乃令親侍就廟陳所夢，柱香擲茭，以質之。一擲果應。宗卿以家事未了，更將明懇神祈，俟過海廻得以從命。頻擲不允，俄卒於郵亭。（太平廣記）

賈充

賈充伐吳時，嘗屯項城。軍中忽失充所在，充帳下都督周勤，時晝寢，夢見百餘人錄充引入一逕。勤驚覺，聞失充，乃出尋索之。忽覩所夢之道，遂往求之。果見充行至一府舍，侍衛甚盛。府公南面坐，聲色甚厲。謂充曰：「將亂吾家事，必爾與荀勗。既惑吾子，又亂吾孫。間使任愷黜爾不去，又使庾純罵汝而不改。今吳寇當平，汝方表斬張華，汝之闇戇，皆此類也。若不悛慎，當旦夕加罪！」充因叩頭流血。公曰：「汝所以延日月而名器如此者，是衞府之勳耳。終當使孫嗣死於鍾簴之間，大子斃於金酒之中，小子困於枯木之下。荀勗亦略同。然其先德小濃，故在汝後數年之外。

國嗣亦替。」言畢命去。充忽然還營，顏色憔悴，性理昏喪，經日乃復。其後孫謐死於鍾下，賈後服鴆酒而死，賈午考竟用大杖，皆如所言。（晉書）

按上述地府官吏，類皆由生人轉任，近人黎澍先生自言爲冥官多年。林勳襄先生與黎先生善，所叩冥間情形綦詳，方覺慧先生，錄成幽冥問答錄一卷，有裨人心世道，並足印證本篇所引述者，特附錄如后：

問：先生昔年曾作冥判，然否？答：然！世人聞之，皆以爲怪。然自余視之，事屬平常，無足怪者。

問：此係何時之事？答：係光緒庚子年間事，時余年十九。

問：所任係何種職務，屬何部下，職員若干？答：屬東岳部下，然余始終未見東嶽，僅於執行後，將公事呈報而已。余時任分庭庭長，另有陪審四人。奉事鬼卒，不計其數。

問：任冥判幾年，每日皆往否，轄何疆界？答：前後四五年，所轄爲華北五省。

問：冥司何故以先生爲判官？答：余亦曾託同事調查其故，據云：余數世前曾爲冥判，夙因所牽，故復爲耳。

問：冥司有規定法律否？先生未習其律，何能判斷無差？答：似未見有規定法律，但提案判決，自中肯綮，初不費思考也。

問：先生所司，屬何類事件？答：余所司，爲人死後十個月以內之善惡事件，逾期則另有主者。

問：曾見閻羅否？答：始終未見。

問：人之善惡，鬼神何以能悉知悉見，記錄無遺？答：鬼神能視於無形，聽於無聲，人世間種種思想行爲，鬼神自能悉知悉見，記錄無遺。又鬼神能視人頭上紅黃白黑等光，而知其行爲思想之善惡。

問：罪鬼亦有狡辯者否？答：極多！罪鬼對其罪惡，亦必極力狡辯。及示以確實證據，始俯首無詞。曾審一鬼，作惡多端，蓋其人生前，外修僞善，造陰惡，對其所犯，極力否認。余視其罪積如山，證據確鑿，亟欲加刑，不意其鬼忽誦金剛經，左右陪審者，見其頂現紅光，急請停審。余疑其受賄徇情，仍欲加刑，乃鬼誦經不已。左右即請余肅立，余曰：余爲庭長，何以向罪犯肅立？左右曰：非也！此鬼頂上佛光已現，審之則有褻瀆，不如停審。余時見彼等垂手立，狀極莊敬。因問曰：此案如何辦理？曰：莫如判其投入胎數次，使其不能憶念金剛經時，再治以罪可也。余曰：使投人胎，豈非便宜於彼？且投胎數次，則受報當在數百年後，豈不遲誤？左右曰：使其投暫生即死胎，數歲即已數世矣。蓋彼造業有造業之果報，誦經有誦經之功德，二者皆不可沒。他日分別受報，兩無差忒也。余遂允之。

問：人死以後，其神志是否惝恍如夢中，抑清醒如平時？答：清醒如生時。

問：入冥在每日何時，審案時間多少？答：最初在每日晚間，其後日間亦能往，但須在下午，來去皆乘肩輿，行走甚疾。審案時間，每次數小時，然遇複雜案件，亦有延長至數日者，但此類案件極少耳。

問：入冥時，身體是否睡眠狀態？答：入冥時，身臥床上，狀似熟眠，不飲不食，亦不饑渴。或時當入冥，而親朋忽至，又不便以此事告之，則瞑目對答，狀似失眠。客如有問，亦可隨答，但不能出語發問，亦不記憶與客作何語耳。問：由冥回陽，精神亦覺疲倦否？答：精神微倦，狀似失眠。

問：冥間亦有飲食否？答：有！但不許飲食。

問：冥官服裝如何？其公文程式又如何？答：余為冥判時，尚在遜清年間，故其服裝及公文程式，均與滿清無異。但至民國以後，恐又已改從新制矣。

問：冥官亦有俸祿否？答：有，但對人毫無用處，故未領取耳。

問：冥刑分多少種類？答：冥刑種類甚多，較之陽世慘酷百倍，若自今人視之，必以為慘酷之刑矣。然就余經歷，人類寧在人世受刑，切不可在冥世受刑也。陽世受刑，刑畢即止，陰世則刑後又須再刑；譬在陽世殺害十命，罪止一死。陰世則必用刑十次。刑畢再判其轉生十世，皆被人殺斃。至於鋸解、碓磨、刀山、油鍋等刑，皆係實有，孽報可畏，有如此者。

問：冥司所最重者，為何種之德行，所最惡者，為何種之罪業？答：冥司所重者，男為忠孝，女為節孝，此二種人雖有罪業，亦必為之減輕。所最惡者為淫殺二業，殺業又較淫業尤重。至若因淫而殺害人命者，則二罪發，罪加一等。

古人云：萬惡淫為首，百善孝為先，誠非虛語也。

問：冥司既無成文法律，則罪輕罪重，如何衡量？答：此視其犯罪之動機與所生之結果，衡情酌理，以定輕重。今姑以竊盜為喻，如竊者本迫於生計，非有妄用，或被竊者係一富人，數又不大，於富人生計，並無影響，富人視之，亦不甚惜。又或所竊者係將往嫖賭烟酒不正當用途之錢，則其罪尚輕。萬一富人被竊，使婢僕受責，以致氣憤自殺者。或貧人買米買藥之錢，因失竊而致餓斃或病死者，或被迫挺身回門以致殺人命者，則案情甚重，又不可以尋常竊案視之矣問：冥司判罪，亦間有錯誤否？答：否！冥司對於犯人罪狀，皆早有精密調查及確實證據，故審判極爲公允，從無錯誤之事。

問：吾人一日之間，一生之內，念起念滅，不知多少，爲善爲惡，即自已亦不能盡記，冥司記人功過，瑣細必錄，又何其不憚煩如此？答：人之思想，如念起念滅，旋作旋忘，如空中鳥跡，水面浮漚，所關係者至微，則冥司亦不予記載。如一心專注，念念不離，則雖未見之行爲，亦有功罪可錄，若由想成行，則功罪愈顯矣。

問：大修行人，死後亦須到冥司聽判否？答：冥司所管者皆業中人，或庸碌無大善惡者。若大修行人，死後立登天界，不由冥府經過。若是者，冥册無名，無可審判也。其或昇天稍緩，尙須由冥府經過者，冥官或避位迎之，其魄漸行漸高，如步雲梯，及近庭案，則高齊屋脊矣。若是者，點名一到，隨登天界，亦無可拘繫也。

問：冥司亦有洋人否？若有洋人，則彼此言語如何會通？若無洋人，則洋人死後，歸何處審判？答：余爲冥判時，適値庚子歲八國聯軍攻北京之後，中外軍民，死者甚多。冥中曾見少數洋人到案，然冥中亦有自能通其語言，又嘗受理一死難提督名×××者，亦有忠誠衞國慷慨捐軀者，余親見彼等均直昇天界，未嘗提審。且中國冥府已非一處，則歐美各國亦應另有冥府，方合情理也。

問：冥府何以常用陽人為冥差？答：因富貴中人，其第宅常有衆神守護，其左右給使之人，又多年輕力壯，陽氣旺盛，故鬼役不能近其病榻，譬之武將病歿營中，其四週警衛森嚴，槍砲林立。營內士兵，又皆少年，陽氣蒸灼，鬼役無法近前，故必用生魂攝之，方可到案也。

問：刀殺及其他慘死之鬼，身首不全，其靈魂與平常病歿之鬼，有分別否？答：其靈魂具全，無異常鬼，惟面目稍覺模糊。又傷處帶有血痕，且容貌慘戚，若有痛苦耳。

問：鬼亦有消滅之期否？答：有。余所見故鬼，遠至宋元而止，至唐代以上之鬼，絕對未見，殆因年代過久，早歸消滅矣。除非成仙成佛，不能萬古長存也。

問：人由少至老，容貌漸變，鬼之容貌，是否亦有逐年衰老？答：鬼之容貌與其病歿之時相同，似不因歲久而變衰老。

問：陰間亦有晝夜及日月星辰否？答：陰間亦有晝夜，與陽世同，惟絕未見日月星辰，其情形有似四川大霧及華北黃沙天氣相似，不及陽世之明朗也。又每日八時後至十一時止，鬼畏陽氣之薰灼，皆避匿陰暗之處，午後漸多外出矣。

問：陰間亦有寒暑四時否？答：有。惟夏日不及陽世之熱，冬則較陽世尤寒。

問：陰間亦有飲食否？陽人所化紙錢，陰間能受用否？答：亦有飲食，其菜蔬亦有多種。陽人所化紙錢，彼等亦可用以購物。

問：亦係每日三餐否？答：每食一次，可飽多日，並非日必三餐也。

問：亦有睡眠否？答：亦有牀榻被褥等，但未見睡眠，僅隨處徙倚，瞑目稍息，即同睡眠，非如陽人每睡必七八小時也。

問：亦有街市商店否？答：有。惟規模甚小，與人世小店無異，所售多飲食日用之品，惟無偉麗堂皇如人間之大公司及洋行者。

問：陽世所供飲食，鬼神亦受用否？答：然。惟聞其氣而已，非眞食也。如在夏日，有食品二碗。一供鬼神，一則未供，已供者必較未供者先敗。蓋已被鬼神攝其氣也。

問：陰世飲食，較陽世孰美？答：恐不及陽世耳。

問：亦有家庭眷屬否？答：有。但不必為陽世原來之家庭，蓋冥間亦有婚娶及生育也。

問：鬼亦就其墳墓為棲息處否？答：然。

問：人初死時，靈魂離體，亦有痛苦否？答：人類死時，皆有疾病，靈魂離體，如啓戶外出，初無困難，回視以前疾苦，反若脫然。其或顧念妻子，或留戀財產，心力所持，氣息未斷，則靈魂不易脫體，是時最苦。若是人天性淡泊，對于妻子財產，並無貪戀之心，則靈魂離體，直如脫衣而出，毫不費力矣。

問：僧道誦經，超度幽靈，於亡人究有利益否？答：僧道誦經，於亡人有無利益，殊不可一概而論。譬如其人生前大善，死後立升天界，彼固無須此功德也。若其人生前大惡，死後立墜地獄，彼亦不易享受此功德也。至庸常之人，生前無大善惡，得誦經超度，則幽冥增光，罪業減輕，利益殊巨。惟誦經之人，道行高低，亦有莫大關係。若誦經之人，係高僧或孝子賢孫，則誦經一卷，抵庸僧所誦十倍，或雖係庸常僧道，至誠恪誦，亦有相當利益。若無行僧道，心不專誠，則利益殊微，或且毫無利益。但亦決不至有過耳。惟誦經最好在亡人七七四十九日以內，過此以往。恐亡人業已轉生他界，其功德輾轉存記，死者不能接受耳。

問：鬼與人數孰多孰少，人畏鬼，鬼亦畏人否？答：陰間鬼數較人數爲多，來來往往，挨籬傍壁者，到處皆是。人行中道，鬼多行道路兩旁。人行明處，鬼多行暗處。然人畏鬼，鬼亦畏人。鬼見人來，亦必趨避之，正人君子，鬼必敬之。其所侮弄者，皆心術不正，時運衰微之人耳。吾人自午後至晚間，行路勿走兩旁及陰影處。晚間出門，宜緩步，或稍作咳聲，令其趨避。不然，出其不意，鬼被衝到，人身亦作寒噤。蓋陰陽相搏，彼此均覺不平也。

問：鬼之行走，與生人有分別否？答：鬼足部模糊，若行烟霧中，行走甚捷，不似人之遲緩。

問：鬼畏雞鳴何故？答：光將至，靈魂不安，故不得不趨避耳。此與吾人畏機器火鍋爐間之熱氣相似。然有操行之鬼，則亦不畏雞鳴也。

問：冥中官吏亦有投生轉世者否？答：有。譬如現在公務人員，另謀高就，自較常人爲易。

問：鬼之投胎，係受胎時即往，抑係出胎時方往？答：二者均有。

問：衆鬼芸芸，久淪幽趣，何不早求出離？答：人少鬼多。如其人生前交際廣潤，相識者衆，則投胎自易。如貧窮之人，老死不出鄉里，平素與人甚少交往，則沉淪鬼趣，機緣難湊，故必須久候，遇有緣者，乃往投生。

問：學佛者死後生極樂世界，學道者生洞天福地，儒教死後往生何處？答：亦生天界，決不消滅。

問：先生後來何以不為冥判？答：余因不原久為，屢次乞休，皆不獲允，後同事者教以多誦金剛經，依法行之，積滿二千以上，遂不復往。

問：先生平日亦能見鬼否？答：余為冥判時，不論出神與否，均能見鬼。民初以後，所見漸少，民十以後，完全不見。

問：首次入冥，如何通知？答：一夕于夢中見古衣冠人入室造訪，謂有事奉懇，幸祈幫忙。余曰：何事相委？但恐無力耳。其人曰：君第惠允，無弗能者。余不知來意何屬，惟其禮貌恭敬，態度誠懇，情似難却，遂含糊允之。其人意似甚喜，相約數日後，即來迎迓，遂別。醒後自以為夢，殊不留意。遂四五日，夢中其人又至，謂余曰：前承惠允，特備車騎，專誠奉迎。余時見一馬車，停于戶外，遂偕其登車，未幾至一公廨，下車入內。其人導余至一廂房，坐少頃，即請余升堂審案。提一犯罪至，左右陪審，陳述原委，請余判決。余曰：素不知情，何敢妄判？左右曰：君誠心揣擬，意思如何，即全照辦。余稍細思，即曰：如此而已。左右諾。即請余簽署判詞，提罪犯去。仍以馬車送余歸。

問：先生父母亦知情否？答：余最初保持秘密，不敢聲揚。後來父母見余獨處空齋，而聞有與人晤談之聲，漸知其情。蓋余自為冥判後，常有冥中友人往來，惟余能睹聞，眾皆不能，惟聞余語耳。

問：鬼友來時，亦需招待飲食否？答：清茶一杯，已足盡情。

問：冥間亦有年節假期否？答：與陽世無異，遇陰曆新年及清明、寒食、中元、中秋、冬至等節，亦必放假數日，但尚無星期耳。

問：鬼何以能幻形？答：凡鬼皆能變幻，但須得冥司許可。

問：曾審何重要案件否？答：一切案件皆甚平常，絕無在情理之外者。且罪狀昭然，證據確實，從無複雜難明之情形。

問：牛頭馬面是否眞有？答：皆假面具，以怖凶魂，若善良之魂，不現此惡相也。

問：鳥獸之魂，仍作鳥獸形狀否？答：此另一部份所轄，余殊不知。

問：鬼說話之聲音與人何別？答：其聲尖銳而短促。

問：自鬼視之，人鬼雜居，自人視之，幽明兩隔，畢竟疆界如何分野？答：似有分界，又似無分界，此種情況，實難明言。

問：鬼亦有何感想？答：亦覺甚苦，故其言多慘戚。

問：鬼投胎時，冥司有無敎誡？答：惟投禽獸胎時，鬼令不知情，必幻作男女或樓閣等景象，使其樂于入彀。

問：青天無雲，日月普照，何以不能燭及幽界，是否有物障碍？如謂陰陽異域，何以又人鬼同行？答：常有雲霧遮斷，故不覩青天日月。但鬼能到陽間陰暗之地，尤其在夜間，故可人鬼同行。

問：冥司奉何正朔，一切公文，亦書年月日否？答：在滿清時，則奉滿清之正朔，公文所書月日，與陽世同。

問：鬼亦有應酬及慶弔禮節否？答：與陽世無異。

問：香燭有何用處？答：燭取其光明，香則招之使來耳。

問：爆竹何用？答：鬼畏爆竹，似不宜用。

問：冥司俸祿何自而來，是否亦有錢糧捐稅等項收入？

答：曾以此向同事詢問，彼等囑余勿問，故不知。

問：鬼亦憶及其陽世妻室兒女否？答：亦甚憶念，然日久自淡。（幽冥問答錄，黎澍口述，勵裏手錄）

第六篇 輪迴

林一鶚

洪武戊寅、黃岩林公一鶚、爲江西布政時，當中元日晝寢，夢一婦人祭之。而所享之物，若在齒頰。家坊屋舍，宛然不忘。公怪之，命一健卒，指其所向，物色之。果于某坊，見一老婦，年七十餘，祭其故夫。所焚紙灰尙未寒。問其祭物、與夫死之年月日時、以復公。其物乃公夢中所食，而夫死之年月日時，與公生時無不同者，亦甚異也。（稗史）

宋高宗

洪邁對上論高宗謚號，孝宗云：「太上時，有老中官云，太上臨生時，徽宗夢吳越王引御衣云：我好來朝便留住，我終須還我山河，待教第三子來。」邁父皓在北買一妾，東平人，偕其母來，曾事明節皇后閤中。言顯仁后初生高宗時，夢金甲神人，自稱錢武肅王，即錢鏐也。年八十一，高宗亦年八十一，卜都錢唐，事不偶然。（湖海新聞）

趙忠簡

趙忠簡公鼎、初生時，母夫人夢金紫偉人入其室，前有贊引者，唱曰：「贊皇公至」。夫人驚寤。彷彿若有所見。未幾，而忠簡公生焉。其後仕宦功名，多與德裕合。蓋德裕自東都分司，貶潮州，而忠簡亦自四明以散官、署于潮州。德裕明年貶朱厓而薨，忠簡亦徙朱厓而捐館。俱壽六十二。

（稗史）

大臣某公轉生爲光州牧女

薛福成先生云：欽差大臣某公，於咸豐同治年間，督師勦賊。其初頗號能軍，既而聲望頓減，獲罪遣戍，旋釋回，仍出督師，功過頗不相掩，繼而過多功寡，屢起屢躓，凡三握大臣關防，終奉嚴旨逮下刑部獄，遂賜死。其獲戾之故，在忌才好勝，恃氣陵人。晚年耽於酒色，兼好財貨，營中聚貪詐無恥之徒爲委員。每日暮，駐營各員，四出搜羅婦女以進。明日，拔營復委棄之，所汙不可數計。至於納賊妾，通賊妻，見於彈章者，復纍纍也。同治甲子，余遊大梁，則聞人言，某公已轉生矣。蓋爲知光州某君之女也。某君在光州署中，一夕夢人以某公名刺投入，因素所熟識也，倉猝冠帶，將出迎之，見金甲神縛送某公，自天而下，倏忽入其妾之房中，一驚而醒。內室遣人來報妾生女矣。

某君入內，其妾告以所夢，與某君相同。某公生前，面有青記，而此女亦有之。觀其神氣，宛然某公也。是說也，余無以審其虛實，或出於世人之附會，固未可知。然以某公生平淫佚，陰間罰令轉生爲女，或亦理之固然。且其爲我言之者，從前實在某公營中當差者也。（庸盦筆記）

蕭鏗

齊宜都王鏗年七歲出閣，陶弘景爲侍讀，八九年中，甚相接遇。後鏗遇害，時弘景隱山中，夢鏗來慘然言別曰：「

某今命過無罪，後三年當生某家。」弘景訪之，以幽中事多秘不出。及覺，即使人至都參訪，果與夢符。弘景因此著夢記。（夢記）

鴝轉人身

唐幷州，石壁寺，有老僧禪誦為業，精進練行。貞觀末有鴝巢其房楹上，哺養二雛。法師每有餘食，恒就巢哺之。鴝雛後雖漸長，羽翼未成，因學飛俱墮地死。僧收埋之。經旬後，僧夜夢二小兒曰：「某等為先有小罪，遂受鴝身。比來日聞法師誦法華，既聞妙法，得受人身。兒等今于此寺側十餘里某村姓名家，託生爲男，十月之外，當即誕育。」僧乃依期往視之，見此家婦，果同時誕育二子，因爲作滿月。僧呼爲鴿兒，兒並應之，曰唯！（冥報拾遺）

第七篇 再生

徐玄方女

晉時、東平馮孝，將爲廣州太守。兒名馬子，年二十餘，獨臥廐中。夜夢見一女子，年十八九，言「我是前太守北海徐玄方女，不幸蚤亡。亡來今四年，爲鬼所枉殺。按生錄，當八十餘，聽我更生。要當有依馬子，乃得生活。又應爲君妻。能從所委，見救活否？」馬子答曰：可爾！乃與馬子尅期當出，至期日，床前地頭髮，正與地平。令人掃去，則愈分明。始悟是夢所見者。遂屏除左右人，便漸漸額出，次頭面出，又次肩項形體頓出。馬子便令坐對榻上，陳說語言，奇妙非常。遂與馬子寢息。

每誡云：「我尚虛爾。」即問何時得出？答曰：「出當得本命生日，尚未至。」遂往廐中，言語聲音，人皆聞之。女計生日至，乃具教馬子出己養之方法。語畢辭去。

馬子從其言，至日，以丹雄雞一隻，黍飰一盤，清酒一升，醊其喪前。去廐十餘步，祭訖掘棺，出開視女身，體貌全如故。徐徐抱出，著氈帳中，惟心下微煖，口有氣息。令婢四人，守養護之。常以青羊乳汁，瀝其兩眼。漸漸能開口，能咽粥，既而能語。二百日中，持杖起行。一年之後，顏色飢膚氣力悉復如常。乃遣報徐氏，上下盡來。選吉日，下禮聘爲夫婦，生二兒一女。長男字元慶，永嘉初，爲秘書郎中。小郎字敬度，作太傅掾。女適濟南劉子彥徵士，延世之孫云。（搜神後記，按幽明錄亦有此記載，惟較此爲略）

李簡

唐開元末，蔡州上蔡縣、南里村，百姓李簡，癇病卒，瘞後十餘日，有汝陽縣百姓張弘義，素不與李簡相識，所居相去十餘舍，亦因病經宿却活，不復認父母妻子，且言我是李簡，家住上蔡縣南里村，父名亮。遂逕往南里村，入亮家。亮驚問其故？言方病時，夢二人着黃齎帖見追，行數十里，至大城，署曰王城。引入一處，如人間六司院，留居數日，所勘責事，委不能對。忽有一人自外來稱：錯追李簡，可放還。有一吏曰：李身壞，別令託生。一時憶念父母親族，不欲別處受生，因請却復本身。少頃，見領一人至，通曰：追到雜職汝陽張弘義。吏又曰：張弘義身幸未壞，速令李簡託其身，以盡餘年。遂被兩吏扶却出城。但行甚速，漸無所知，忽若夢覺。見人環泣，及屋宇都不復認。亮問其親族名氏，及平生細事，無不知也。先解竹作因息，入房索刀具破竹盛器，語音擧止，信李簡也。竟不返汝陽。時段成式從三叔父攝蔡州司戶，親驗其事。昔扁鵲易魯公扈趙齊嬰之心，及寤，互返其室，二室相諮。以是稽之，非寓言矣。（酉陽雜俎）

阿六

饒州龍興寺奴，名阿六，寶應中死，隨例見王地下所由云：汝命未盡，放還。出門，逢素相善胡其。胡在生以賣餅爲業，亦於地下賣餅。見阿六忻喜，因問家人，並求寄書。久之持一書，謂阿六曰：無可相贈，幸而達之！言畢，推落坑中乃活。家人于手中得胡書，讀云：語地下常受諸罪，不得託生，可爲造經相救。詞甚悽切。其家見書，造諸功德。奴夢胡云：「勞爲送書，得免諸苦。今已託生人間，故來奉謝！亦可爲謝妻子。」言訖而去。（廣異記）

崔敏殼

博陵崔敏殼、性耿直，不懼鬼神。年十歲時，嘗暴死。死十八年而復活。自說：「被枉追一。敏殼苦自申理，歲餘獲放。王謂敏殼曰：「汝合即還，然屋舍已壞，如何一？敏殼祈固求還。王曰：「宜更托生，倍與官祿」。敏殼不肯。

王雖以理屈，徘徊久之。敏殼陳訴稱寃。王不得已，使人至西國求重生藥，數載方還。藥至布骨，悉皆生肉，惟脚心不生，骨遂露焉。

其後，家頻夢敏殼云：「吾已活」。遂開棺，初有氣，養之月餘，方愈。敏殼在冥中，檢身當得州刺史。其後，爲徐州刺史。徐州刺史公廨，以往刺史皆不敢居正廳。相傳云：「項羽故殿也」。敏殼到州，即敕灑掃視事。數日，空中忽聞大叫曰：「我西楚霸王也，崔敏殼何人？敢奪吾所居」。敏殼徐云：「鄙哉！項羽。生不能與漢高祖西嚮爭天下，死乃與崔敏殼競一敗屋乎？且王死烏江頭行萬，縱有餘靈，何足畏也」。乃帖然無聲。其廳遂安。

後爲華州刺史，華岳祠傍，有人初夜聞廟中喧呼，及視，庭燎甚盛，兵數百人陳列受敕云：「當與三郎迎婦」。又曰：「崔使君在州，勿妄飄風暴雨」。皆云：「不敢」！既出，遂無所見。（廣異記）

輪迴再生，是否可信，說者不一。以常識推測，似難置信。惟既有事實，亦不能視同迷信。此類事實不特見諸典籍，即今科學昌明時代，民間亦時有此類事實出現者，姑轉載，以俟知者。

第八篇 神仙

太公望

文王以太公望為灌壇令，期年風不鳴條。文王夢見有一婦人甚麗，當道而哭。問其故？婦人言曰：「我東海泰山神女，嫁為西海婦，欲東歸，灌壇令當吾道。太公有德，吾不敢以暴風疾雨過也」。文王夢覺，明日召太公，三日三夕，果有疾風驟雨去者，皆西來也。文王乃拜太公為大司馬。（博物志）

晉文公

晉文公出，有大蛇如拱當道，文公乃修德，使吏守蛇。守蛇吏夢天使殺蛇。謂曰：「蛇何故當晉君道」？覺而視之，蛇則臭矣。（博物志）

司馬相如

司馬相如、字長卿，將獻賦，而未知所爲。夢一黃衣翁謂之曰：「可爲大人賦，言神仙之事」。賦成以獻，帝大嘉賞。（西京雜記）

鄭玄

鄭玄師馬融，三載無聞，融還之。玄過樹蔭下假寐，夢一人以刀開其心，謂曰：「子可學矣」。於是寤而即返，遂洞精典籍。後東歸，融曰：「詩書禮樂，皆東矣」。（異苑）

唐僖宗

僖宗自普王即位，幼而多能，素不曉碁。一夕夢人以碁經三卷焚而使吞之。及覺，命待詔觀碁，凡所指畫，皆出人

意。（補錄記傳）

郭仁表

僞吳春坊吏郭仁表、居治城北，甲寅歲，因得疾沉痼，忽夢道士，衣金花紫帔，從一小童，自門入，坐其堂上。仁表初不甚敬，因問疾何時可愈？道士色厲曰：「甚則有之」。既痞，疾甚。數夜，復夢前道士至，因叩頭遜謝久之。道士色解，索紙筆。仁表以爲將疏方，即跪奉之。道士書而授之。其辭曰：「飄風暴雨可思惟，鶴望巢門歛翅飛。吾道之宗正可依，萬物之先數在茲。不能行此欲何爲」？夢中不曉

其義，將問之，童子搖手曰：「不可一！」拜謝，道士自西北而去，因而疾愈。（稽神錄）

王璵

偽吳鄂帥王璵，少為小將，從軍圍潁州。夜夢道士告之曰：「旦有流星墮地，能避之，當至將相一。」明日，衆軍攻城，城中矢石如雨。璵仗劍倚柵木而督戰。俄有大石，正中其柵木，及璵鎧甲之半皆麋碎，而璵無傷。因歎曰：「流星正爾耶一？」由是自負，卒至大官。（稽神錄）

皇姑

孟蜀翰林學士辛夤遜，頃年在青城山居，其居則古道院在一峰之頂，內塑像皇姑，則皇玄宗之子也。一夕夢見皇姑召之，謂曰：「汝可食杏仁，令汝聰利，老而彌壯，心力不倦，亦資於年壽矣。汝有道性，不久住此，須出佐理當代」。夤遜夢中拜請法制，則與申天師怡神論中者同。夤遜遂日日食之，令老而輕健。年逾從心，猶多著述。又夢掌中草不脫，後來內制草數年復掌選，心力不倦，因知申天師怡神論中仙方，盡可驗矣。（野人閑話）

司馬相如

朱青雷言：高西園嘗夢一客來謁，名刺爲司馬相如。驚怪而寤，莫悟何祥。越數日，無意得司馬相如一玉印，古澤斑駁，篆法精妙，眞昆吾刀刻也。恒佩之不去身。非至親暱者不能一見。官鹽場時，德州盧文雅爲兩淮運司，聞有是印，燕見時偶索觀之。西園離席半跪正色啓曰：「鳳翰一生結客，所有皆可與朋友共；其不可共者，惟二物：此印及山妻也」。盧文笑遣之曰：「誰奪爾物者？何癡乃爾耶」！西園畫品絕高，晚得末疾，右臂偏枯，乃以左臂揮毫。雖生硬倔

强，仍彌有別趣。詩格亦洒脫。雖託跡微官，蹉跎以歿，在近時士大夫間，尚能追隨前輩風流也。（閱微草堂筆記）

于忠肅公

于忠肅公、葬于西湖六橋之南，立祠於壟，神甚靈感，凡祈夢者，皆有奇驗。隆慶丁卯，東杭有鄉民逋于官，計不知所出，往叩于公。夜夢小鼠戴一笠，未解，復叩之公。夢曰：「明晨有羅孝廉、以紅氈裹囊而來，此春闈狀元，汝可預報。即以夢叩，自明矣」。鄉民如公旨，候於途，時會稽羅萬化，以祈夢至，果以紅氈裹其裝。鄉民即長跪請曰：「

相公得非羅姓否」？萬化怪而詰之？鄉民曰：「相公果姓羅，則來春必大魁，神已有旨，不必再祈矣。第小人有夢，惟相公占之」。羅曰：「鼠戴笠帽、乃一竄字。汝宜逃矣」。羅心甚喜，不宿而歸。旋中戊辰狀元。（稗史）

薛義

秘省校書河東薛義，其妹夫崔秘書，爲桐廬尉，義與叔母韋氏爲客在秘家。久之，遇痁疾，數月綿輟幾死。韋氏深憂。夜夢神人，白衣冠，袷單衣。韋氏因合掌致敬，求理義病。神人曰：「此久不治，便成勃瘧，則不可治矣」。因以二符兼咒授韋氏。呪曰：「勃瘧勃瘧，四山之神，使我來縛。六丁使者，五道將軍，收汝精氣，攝汝神魂。速去速去，免逢此人。急急如律令」。但疾發即誦之。及持符，其疾便愈。是時韋氏少女年七歲，亦患痁疾，旁見一物，狀如黑犬而㲘毛。神云：「此正病汝者，可急擒殺之，汝疾必愈。不爾，汝家二小婢，亦當患瘧」。韋氏夢中殺犬。及覺，傳呪於義，義至心持之，疾遂愈。韋氏女亦愈。皆如其言也。（廣異記）

泥馬渡河

宋高宗、徽宗第九子也。宣和二年，封康王。靖康之變，康王嘗質于金。一日金太子與康王同出射，康王連發三矢，皆中其筈櫐櫐懸于上。金太子驚，以爲神。默計之曰：「宋皇子生長深宮，狃于富貴，鞍馬非其所長。今善射如此，意選宗室中之長于武藝者，冒名爲質，留之無益，不如遣還，換眞太子來質。高宗由是得逸。遂易服間道奔竄。足力疲困，假寐于崔府君廟堵砌間。夢神人曰：「金人追且至」。康王徬徨四顧。神曰：「已備馬門首，王宜急行」。康王驚覺，踊躍南馳，一日行七百里。既渡河，而馬不前。下視之，則泥馬也。始悟爲神物之助。（稗史）

神泉

西蜀將王暉、嘗任集州刺史。集州城中無水泉，民皆汲于野外。值岐兵急攻州城，且絕其水路。城內焦渴，旬日之間，頗有死者。王公乃中夜有所祈請，哀告神祇。及寐，夢一老父告曰：「州獄之下，當有美泉」。言訖而去，王亦驚寤。遲明，即命畚鍤於所指之處掘數丈，乃有泉流。居人飲之，蒙活甚衆。岐兵比知城中無水，意將坐俟其斃。王公命汲泉水數十甕于城上，揚而示之，其寇乃去。是日神泉亦竭，豈王公精誠之所感耶？疎勒拜井之事，固不虛耳。王後致

仕，家於雍州嘗言之，故記耳。（玉堂閒話）

鍾馗

開元中、明皇病痁，居小殿，夢二鬼；一鬼大，一鬼小。小者䩞一足，懸一履於腰間，竊太眞紫香囊、及玉笛吹之，頗喧擾。已而大者稱：「臣武擧所棄鍾馗也。將爲陛下殺之」。遂擒小者，以右手大指摘其目食之。覺而疾愈。因命吳生如夢圖之。

一云：開元中，明皇晝寢，夢一小兒盜上玉笛吹。上叱之，曰：「臣虛耗也」。上怒，欲呼武士，見一大鬼，頂破帽，衣藍袍，束角帶。徑捉小兒，刳其臂而啖之。上問：「為誰」？對曰：「臣終南山進士鍾馗也。因應擧不捷，觸殿階而死。奉旨賜綠袍而葬。誓除天下虛耗妖孽」。言訖，夢覺，乃召吳道子圖之。上賞其神妙，賜以百金。是以今人畫其形象，施於門。蓋亦有所取也。（稗史）

觀音救目疾

淳熙五年、饒信二州都巡檢羅生須次於城下。其一子曰森時，時入城從王秀才學。是歲初夏間，大水汎浸，羅所居，悉墮洪流中。暫挈其家寓處王氏書院。一婢曰來喜，目障交蔽，久不見物，甫到王氏，夢一僧喚曰：「賀汝有緣，苟不至此，終身定成廢疾，我故攜藥救汝」。即投以甌。婢喜接而飲之。僧曰：「可無慮也」！婢問僧曰：「大師是何處僧」？僧曰：「不須問我，我住汝家久矣。我聞聲音之苦，誓心相救」。語罷失其所之。天欲明，婢雙眸炯然，全復其舊。眾驚顧爭來咨叩，具言所夢。羅以告王秀才，其母夫人曰：「是吾家觀音也，吾家敬奉之，有疑則卜，厥應如響」。羅呼妾詣佛堂齋戒拜謝，到今猶存。（稗史）

長人

牵騰、以咸和三年，爲沛郡太守。出行不節，夢烏衣人告云：「何數出不輟？唯當斷馬足」。騰後出行，馬足自斷。騰近行郭外，忽然而闇。有一人，長丈餘，玄冠白衣，遙叱：「將車人使避之」。俄而長人至，以馬鞭擊御者，即倒。既明，從人視車空，覓騰所在，行六七十步，在榛莽中，隱几而坐。云了不自知。騰五十日被誅。（幽明錄）

秀才祈夢

秀才祈夢於九鯉湖，卜其前程，有無遠大？夢見一女子，戴一笠，左手掌寫一無字，其人莫之辨，且懼其前程之無

也。竟以科甲顯，歷官御史中丞。見前面牌坊安撫二字，乃知前夢者，官職之徵也。後果止於中丞。（稗史）

諸湖僧

鄱陽諸湖寺僧，夜夢人告曰：「須用三碗水煮過」。言之至再。寤而不能曉。明日，一童持白蕈來，大如扇，曰：「得於後山樹下」。僧喜，即命煮之。初用水一升許，踰時皆乾，蕈偃然如生。又益之以水，至於三不熟。僧忽憶昨夢，疑其異物。喚童負鋤，就斫所生處，才二尺，見一菜花蛇蟠穴內，已死腐，而口中猶出氣，正蒸薄于上，遂成蕈。傍

有小棈甚多，村民採食之，已死者三人。寺僧盡脫此危。夢之靈如此。（稗史）

董氏尼

滄州插花廟尼，姓董氏，遇大士誕辰，治供具將畢，忽覺微倦，倚几暫憩。恍惚夢大士語之曰：「爾不獻供，我亦不忍飢。爾即獻供，我亦不加飽。寺門外有流民四五輩，乞食不得，困餓將殆，爾輟供具以飯之，功德勝供我十倍也」。霍然驚醒，啓門出視，果不謬。自是每年供具獻畢，皆以施乞者。曰：「此菩薩意也」。（閱微草堂筆記）

寄避雨老嫗

汝南何比干，通律法，元朔中，公孫洪辟爲廷尉右，平獄無寃。民號曰何公。征和初去官在家，天大陰雨，晝寢，夢有客車騎。覺而一老嫗，年八十餘，頭盡白。求寄避雨。雨方甚，而嫗衣履不濡。比干異之。延入座。須臾雨止。嫗辭去，出送至門，跪謂比干曰：「君先出自后稷，堯至晉有陰德，及公之身，當繼公一人。今天賜策，以廣公子孫佩印綬者，當隨簡長九寸，凡百九十板，以授比干曰：「子孫佩印綬者，當隨此算。」嫗東行，忽不見。比干年五十八，有六男，後三歲，復生三男。徙平陵八男，去一子留常祭嫗如東行。及終，遺命東首。自此干以下，與張氏俱受靈瑞，累世爲名族。三輔舊語曰：「何氏策，張氏鉤也。」（三輔決錄）

崔萬安

江南司農少卿崔萬安，分務廣陵，常病苦脾泄，困甚。其家禱于后土祠。是夕，萬安夢一婦人，珠珥珠履，衣五重，皆編貝珠爲之。謂萬安曰：「此疾可治，今以一方相與，可取青木香、肉豆蔻等，分棗肉爲丸，米飲下二十九丸」。

又云：「此藥太熱，疾平即止」。如其言服之遂愈。（稽神錄）

吳士季

嘉興令、吳士季者，曾患瘧，乘船經武昌廟過，遣人辭謝，乞斷瘧鬼焉。既而去廟二十餘里，寢際，忽夢塘上有騎追之，意甚疾速。見士季乃下，與一吏共入船後，縛一小兒將去。既而瘧疾遂愈。（錄異傳）

徐孝嗣

徐孝嗣、字始昌，曾在率府晝臥北壁下，夢兩童子遽云：「移公牀」！孝嗣驚起，壁有聲。行數步，而壁倒壓牀。（談藪）

莊周

莊周嘗夢，身化蝴蝶，翩翩自得，遂隱而不仕。著南華眞經，以喻世。（稗史）

高唐夢

楚襄王與宋玉遊雲夢台，望高唐之觀，上有雲氣。王問曰：「此何氣也？」玉對曰：「昔者先王嘗遊高唐晝寢，夢一婦人曰：「妾乃巫山之女也，今爲高唐之神，聞王至此，願薦枕席之歡。」王因幸之。去而辭曰：「妾在巫山之陽，高唐之北。朝爲行雲，暮爲行雨。朝朝暮暮，陽台之下。」

（宋玉高唐賦）

李少君

漢禁中起居注云：「少君之將去也，武帝夢與之共登嵩山。半道有使者，乘龍持節，從雲中下，云上帝令少君。帝覺，以語左右曰：如我之夢，少君將舍我去矣。數日而少君

稱病死。久之，帝令人發其棺，惟衣冠在焉。（抱朴子）

蘇州瑞光塔蟒蛇

蘇州盤門有瑞光塔，乙亥之夏，大府籌費，將重修之。屆期，工匠緣梯至塔頂，忽見一巨蟒，頭大如巴斗，腰圍三尺，蟠踞塔心，腥穢特甚。驟觸其氣，皆昏暈墜地。死一人，傷一人。董其事者，無可奈何？遂設酒餚香案禱之。曰：「今日奉大府之命，一郡風水所關。且恐傾欹而妨民居也，請暫避以蕆此役，俾獲覆命。」

夜夢一老人，衣冠而前曰：「君此舉誠美！但余在此修鍊已千年，未嘗賊一命，戕一物，早知今日有此刼，過此便可得道。惟兩匠因我而死傷，又須遲三百年，乞君成全，後當圖報。」

董事者以此覆大府，遂命輟役。後數年，吳子健中丞飭局修建，己卯六月，塔頂被旋風吹折云。（庸盦筆記）

按抱朴子以爲神仙不死，神仙且可修鍊而成，與上述各說，頗相符合：其言：「若夫仙人，以藥物養身，以術數延命，使內疾不生，外患不入。雖久視不死，而舊身不改，苟有其道，無以爲難也。魏文帝窮覽洽聞，自謂於物無所不經；謂天下無切玉之刀，火浣之布。及著典論，嘗據言此事，其間未期二物畢至。帝乃歎息，遽毀斯論。事無固必，殆爲此也。陳思王著釋疑論云：初謂道術，直呼愚民詐僞，空言定矣。及見武皇帝試左慈等，令斷穀近一月，而顏色不減，氣力自若，常云可五十年不食，正爾復何疑哉？又令甘始以藥含生魚而煮之於沸脂中，其無藥者熟而可食；其啣藥者，遊戲終日，如在水中也。又以藥粉桑飼蠶，蠶乃到十月不老。又以住年藥食雞雛及新生犬子，皆止不復長。又以還白藥食白犬，百日毛盡黑。乃知天下之事不可盡知，而以臆斷之不可任也。但恨不能絕聲色，專心以學長生之道耳。彼二曹學則無書不覽，才則一代之英；然初皆謂無，而晚年乃以爲有。窮理盡性，其歎息如此。不逮若人者，不信神僊，不足怪也。劉向博學則究微極妙，經深涉遠。思理則清澄眞僞，研覈有無。其所撰列仙傳，仙人七十有餘，誠無其事，妄造何爲乎？邃古之事，何可親見？皆賴記籍傳聞於往耳。列仙傳炳然其必有矣。」

第九篇　前定

易曰：「窮理盡性，以致於命」。又曰：「樂天知命，故不憂」。伯牛有疾，孔子歎曰：「亡之，命矣夫」！又云：「道之將行也歟，命也；道之將廢也歟，命也」。彌子謂子路曰：「孔子主我，衛卿可得也」。子路以告，孔子曰：「有命」。又云：「不知命，無以爲君子也」。子夏亦曰：「死生有命，富貴在天」。盡人事，聽天命，在孔門中，已屢言之。孟子傳孔子道統，於天命之理，言之尤詳。其言曰：「君子所性，雖大行不加焉；雖窮居不損焉。分定故也」。「莫之爲而爲者，天也；莫之致而致者，命也」。「求之有道，得之有命」。「莫非命也，順受其正」。「若夫成功則天也」。「順天者存，逆天者亡」。是天命之說，由來尚矣。所以不欲人知者，「慮君子不敬德修業，小人惰於農耳」。

雖然，天定勝人，人定亦能勝天，故荀子天論篇云：「彊本而節用，則天不能貧；養備而動時，則天不能病；循道而不貳，則天不能禍。故水旱不能使之飢，寒暑不能使之疾，妖怪不能使之凶。本荒而用侈，則天不能使之全。背道而妄行；則天不能使之吉……」。墨子之宗敎色彩雖非常濃厚，但亦認力行爲國家富强之本，而著有非命之篇。此後有命非命之論，聚訟紛紜，莫衷一是。但吾人不欲渲染强調，見仁見知，以俟智者。

李德裕夢羊

唐相國李德裕、爲太子少保，分司東都。嘗召一僧，問己之休咎。僧曰：「非立可知，願結壇設佛像」。僧居其中，凡三日，謂公曰：「公災戾未已，當萬里南去耳」。公大怒，叱之。明日又召其僧而問焉，慮所見，未子細，請更觀之。即又結壇三日，告公曰：「南行之期，不旬月矣。不可逃」。公益不樂，且曰：「然則吾師何以明其不妄耶」？僧曰：「願陳目前事爲驗，庶表某之不誣也」。公曰：「果有說也」？即指其地曰：「此下有石函，請發之」。即命窮其下，數尺，果得石函，啓之亦無覩焉。公異而稍信之。因問南去誠不免矣，然乃遂不還乎？僧曰：「當還耳」。公訊其事？對曰：「相國平生，當食萬羊，今食九千五百矣，所以當還者，未盡五百羊耳」。公慘然而歎曰：「吾師果至人！且我元和十三年，爲丞相張公從事于北都，嘗夢行于晉山，見山上盡目皆羊。有牧者十數，迎拜我。我因問牧者，牧者曰：「此侍御平生所食羊」。吾嘗記此夢，不洩于人。今者果如師之說耶？乃知陰騭固不誣也。後旬日、振武節度使米暨，遣使致書於公，且饋五百羊。公大驚，即召告其事。僧歎曰：「萬羊將滿，公其不還乎」？公曰：「吾不食之，亦可免耶」？曰：「羊至此，已為相國所有」。公戚然，旬日貶潮州司馬，連貶崖州司戶。竟沒于荒裔也。（宣室志）

楊敬之夢新榜

楊敬之、任江西觀察使，戴江西應舉時，敬之年長，天性尤切，時已秋暮，忽夢新榜四十進士，歷歷可數，寓目及半，其子在焉。其鄰則姓濮陽，而名不可別。既寤，大喜，訪于詞場，則云有濮陽愿者，爲文甚高，且有聲譽。時搜訪草澤方急，雅在選中，遂尋其居。則曰閩人，未至京國。楊公誡其子，令聽之，俟其到京，與之往來，以應斯夢。一日楊公祖客灞上，客未至，問休于逆旅。有自遠來者，試令詢之，乃貢士也。偵所自？曰：自閩。問其姓？曰：濮陽。審其名？曰：愿。楊公曰：「吁！斯天啓也。安有既夢于彼，復遇于此哉」？遂命相見。濮陽逡巡不得讓，執所業以進。始閱其人，眉宇清朗，次與之語，詞氣安詳。終閱其文，體理精奧。問其所抵？則曰：今將僦居。楊公令盡驅所行，置于庠序，命江西與之朝夕同處，於是各大稱濮陽藝學于公卿間。人情翕然，昇第必矣。試期有日，而生一夕暴卒，楊公惋痛嗟駭。搜囊甚貧，鄉路且遠，力爲營辦，歸骨閩閭。仍謂其子曰：「我夢無徵，汝之一名，亦不可保」。明年，其子及第，而同年無濮陽者。夏首將關，送于吏部。時宰相有言，前輩重族望，輕官職。竹林七賢曰：陳留阮籍、沛國劉伶、河間向秀、得以言高士矣。是歲慈恩寺題名，咸以族望題畢，楊閑步塔下，仰視之，曰：弘農楊戴、濮陽吳當，恍然如夢中所覩。（唐闕史）

奚侍郎預兆

奚侍郎陟、年少未從官，夢與朝客二十餘人，就一廳中喫茶。時方甚熱，陟東行首坐，茶起西自南而去，二碗行，不可得。至奚公，渴甚，不堪其忍。俄有一吏走入，肥大，抱簿書，近千餘紙，以案，致筆硯，請押。陟方熱又渴，兼惡其肥，忿之。乘高推其案曰：「且將去」！濃墨滿硯，正中文書之上，并吏人之面，手足衣服，無不沾污，乃驚覺，夜索紙筆，細錄藏於巾笥。後十五年，為吏部侍郎時，人方漸以茶為上味，日事修潔。陟性素奢，先為茶品一副，餘公卿家未之有也。風爐越甌碗托角匕，甚佳妙。時已熱，飡罷，因請同舍外郎，就廳茶會。陟為主人，東面首坐。坐者二十餘人，兩甌緩行盛又至少，揖客自西面，始雜以笑語，其茶益遲。陟先有痟疾，加之熱乏茶，不可得，燥悶頗極。逡巡有一吏肥黑，抱大文簿，兼筆硯，滿面瀝汗，遣押。陟惡忿，不能堪，乃於堦上推曰：「且將去」！幷案皆倒，正中令史面，及簿書盡污。坐客大笑。陟方寤昔年之夢，語於同省。明日，取所記事驗之，更無毫分之差焉。（逸史）

預告偃破

肅宗孝昌二年十月，揚州刺史、李憲表云：門下督周伏興，以去年七月，患假還家。至十一日，夜夢渡肥水，行至草堂寺南，遙見七人；一人乘馬，著朱衣，籠冠。六人從後。興路左而立。至便再拜，問興何人？興對曰：「李公門下督，暫使硤石。其人語興：「君可回！我是孝文皇帝中書舍人！遣語李憲勿憂，賊堰此月破矣。」興行兩步，錄興姓字，令興速回。興寤，曉遂還城，具言夢狀。七月二十七日，堰破。（魏書）

開棺預定

許州司倉盧彥緒所居溷夏雨暴至，水滿其中，須臾漏盡。彥緒使人覩之，見其下有古壙，中是瓦棺。有婦人年二十餘，潔白凝淨，指爪長五六寸，頭插金釵十餘隻。銘誌云：「是秦時人，千載後，當爲盧彥緒開，運使然也。閉之吉，啓之凶」。又有寳鏡一枚，背是金花，持以照日，花如金輪。彥緒取釵鏡等數十物，乃閉之。夕夢婦人云：「何以取我玩具」？有怒色。經一年，而彥緒卒。（廣異記）

陳武帝世數

陳高祖武帝、受禪之日，其夜、有會稽人史溥，夢朱衣

人，戴武冠，自天而下，手持金板，上有文字。溥視之，其文曰：「陳氏五主，三十四年」。遂凌空而上。（談藪）

文徵明、唐伯虎夢壽

蘇郡文徵明之父林，弘治間，爲溫州知府。一日覺似病狀，令人往九仙祈夢。夢仙曰：「孔老人之言即是」。歸告府主文，莫曉其故。明日升堂，有老人來稟曰：「命解木，共得板五十六片，三片朽而無用」。文曰：「此尚可解乎？」老人曰：「不可解矣」。文省昨日之言，問其姓？則答以姓孔。遂驚怖而回衙，病卽不起。時正五十三矣。

同郡唐寅、字子畏，弘治間解元也。嘗往九仙祈夢。夢人示以「中呂」二字。語人亦莫知故。後訪同邑閣老王鏊於山中，見其壁間，揭東坡滿庭芳詞下有「中呂」字。唐驚曰：「此余夢中所見者」。誦其詞，「百年强半，來日苦無多」之句，默然歸家，疾作而卒。其年亦五十三矣。（稗史）

婚配前定

崔元綜、任益州參軍日，欲娶婦，吉日已定。忽假寐，見人云：「此家女，非君之婦。君婦今日始生」。乃夢中相隨，向東京履信坊十字街西道北，有一家，入宅內東行屋下，正見一婦人生一女子。云：「此是君婦」。崔公驚寤，殊不信之。俄而所平章女，忽然暴亡。自此後，官至四品，年五十八，乃婚侍郎韋陟堂妹，年始十九。雖嫌崔公之年，竟嫁之。乃於履信坊、韋家宅上成親，果在東行屋下居住。尋勘歲月，正是所夢之日，其妻適生。崔公至三品，年九十，韋夫人與之偕老，四十年食其貴祿也。（定命錄）

左宗棠夢知前程

左侯相未遇時，夢應省試領解額，甚覺得意。既而連舉進士不第。忽遇干戈擾攘，參佐戎幕，大帥言听計從，勳望隆然。中外大臣，交章推薦，遂出而典兵，屢摧悍寇，進膺方面之任，爵列五等。其始旌麾所蒞，皆山水靈淑，人物秀美，驅除數省，忽調赴西北，所歷皆巖關險塞，雄鎮名都，漸移漸遠，但見黃沙莽莽，一望無際。復笞兵萬里，長驅而進。掃蕩邊氛，功名益盛。累爲超遷，封拜之寵，收地愈廣，設官置防，布置粗定。然後振旅入塞，返其故鎭。遽然而覺，乃知是夢。是歲秋試擧於鄉，自知無翰林之望。會試一兩次後，遂不復上公車。旋入駱文忠公幕府，名聲籍甚。曾文正、胡文忠兩公，交章論贊。起家四品京堂，襄辦軍務，超受浙江巡撫。及克杭州，至西湖之上，恍然如素履其地者，蓋其景皆夢中所見也。其後以所歷之境，印証前夢，一一脗合。及闢隴肅清，議者皆謂新疆地勢遼遠，轉運艱難，頗以進取爲疑。而左公慷慨出師，無少顧慮。蓋自知大功之必成也。（庸盦筆記）

館奉前定

南城劉夢林、一夕夢至一所兩石榴樹下，獲錢千緡。自念何以至此？未幾，戴某延敎子姪，歲奉百緡。入齋見庭前兩榴樹，宛如夢中。館凡十年，其俸却及千緡。後登戊戌第而去。（稗史）

黃左之

黃左之、福州人，為太學生，預淳熙七年薦書。是歲冬，池陽士人王生、亦赴省試，其家甚富。以錢百千與黃，招之結課神祠中。其神極靈驗，黃致禱。夢神告曰：「君春必及第」。指一女子示之曰：「此君之婦也」。黃視女狀貌不甚長，簪羅帛花於髻，恍惚間，以爪掐黃手。既覺，手猶微痕。自念，若榜下取妻，豈無珠翠之飾？顧簪羅帛花乎？王與黃游處頗久，相得益歡。遂約曰：「君若登科，當以息女奉箕帚。明年，果中選，遂為王婿，得奩具五百萬。成禮之

夕，儼是夢中所見者。簪花亦然。黃初調南城尉，爲人道此。（稗史）

浩刼前定

姑蘇顧杏園太守，自部郎出守潯州，由瓜州口浮江西上，舟泊蟂磯。磯上有蟂磯夫人廟，祀蜀漢孫夫人。嘉慶二年間，封爲崇節惠利靈澤夫人者也。磯在蕪湖北岸，並無高岡。遙望之，不過亂石堆耳。相傳泊此者，多不利，故遊宦賈客，必越而過之。太守之舟，因日暮遇風，不得已而泊焉。是夜，舟人夢入夫人廟，見儀仗森嚴，執事者奔走雜遝。夫人翠羽明璫，儼然高坐。一人古衣冠，狀如判官者，前稟曰：「今日泊舟之人，將貽誤大局，害數千百萬生靈之命，不如就此溺之，以救無辜之民。」夫人笑曰：「汝之意，則善矣！然此等大刼，雖上帝亦祇聽其自然，豈我輩所能挽回耶？」遽揮之出。舟人驚醒，太守竟無恙，抵任視事。會金田會匪，洪秀全、楊秀淸、韋正、馮雲山等，歛錢惑衆，流毒鄉里。是時，李武愍公、知桂平縣事，訪縣中公正紳者，親造其廬，詢以捕治方略。紳謝不敏。既而曰：「家有善本藏書，請入視之。」李公會意，屏其從者于外，與入密室。紳白曰：「縣中自僕從書吏，以至皀役，無不爲賊耳目者，公能單騎相從，某等願效力。」李公曰：「諾」。

屆期，李公戒從者，出拜某客，至中途，見道旁一騎，呼問之，則某客之騎也。問客何在？曰：在某處，公如欲訪之，請即乘此騎以往。李公乃悉屏騶從，上馬前行。

頃之，悉執洪秀全等以歸，蓋諸紳既與公約，部勒其衆，導公掩捕羣酋，悉獲之，無一免者。遂置之獄，請于郡守，將殺之。郡守不許，固爭不聽，李公拂衣而去。郡守追謂之曰：「諸賊皆廣東花縣人也，子必欲治之，我爲子辦文遞解回籍，斯已矣。」諸賊既出獄門，即被其黨劫去。盡滅諸紳之家，遂擧兵反。數年，勢遂滔天，荼毒生靈，數千百萬。太守以縱賊殃民，被議遣戍，後復釋回。考終牖下。豈劫數前定，冥冥中不以相責耶？然數千百萬生靈，貽誤于一人之手，而竟不伏其辜，何也？（庸盦筆記）

官階預定

永樂初，有士人赴舉，祈夢。神有告之「禮樂征伐自天子出」。士人擬為「義為論」以待，及舉於鄉登進士，竟無驗。後宦膳部郎，文廟與群臣宴，出語曰：「流連荒亡，為諸侯憂」。屬群臣對，無有應者。士人進曰：「禮樂征伐，自天子出」。上大悅，即擢禮部侍郎。夫一對之間，而官階

超擢，已預定如此，人勞心營營以求獲者，何益哉？（稗史）

母旻

唐右補闕母旻博學有逸才，上表請修右史，先撰目錄以進。玄宗稱善。賜絹一百匹。性不飲茶，著代飲茶序，其略曰：「釋滯消壅，一日之利暫佳。瘠氣侵精，終身之累斯大。獲益則功歸茶力，貽患則不謂茶災。豈非福近易知，禍遠難見乎」？後直集賢。無何，以熱疾暴終。

初，嘗夢着衣冠上北邙山，親友相送，及至山頂，廻顧

不見一人，意甚惡之。及卒，僚友送葬北邙，果如初夢。玄宗聞而悼之，贈朝散大夫。（唐新語）

夢破軍粮

天寶中，相州王叟者，富有財產。惟夫與妻，更無兒女。積粟近至萬斛，而夫妻儉嗇頗甚，常食陳物，纔以充腸，不求豐厚。莊宅充廣客坊，二百餘戶。叟嘗巡行客坊，忽見一客，方食，盤飧豐盛。叟問其業？客云：「唯賣雜粉香葯而已」。叟疑其作賊，問汝有幾財？而衣食過豐也。此人云：「唯有五千之本，逐日食利，但存其本，不望其餘，故衣食常得足耳」。叟遂大悟，歸謂妻曰：「彼人小得利，便以充身，可謂達理。吾今積財巨萬，而衣食陳敗，又無子息，將以遺誰」？遂發倉庫，廣市珍好，恣其食味。不數日，夫妻俱夢，爲人所錄，枷鎖禁繫，鞭撻俱至。云此人妄破軍粮。覺後數年，夫妻病卒。官軍圍安慶緒于相州，盡發其廩，以供軍焉。（原化記）

周延翰

江南太子校書周延翰，性好道，頗修服餌之事。嘗夢神人以卷書授之，若道家之經。其文皆七字爲句，唯記其末句云：「紫髯之畔有丹砂」。延翰寤而自喜，以為必得丹砂之效，從事建業，卒。葬于吳大帝陵側，無妻子，唯一婢，名丹砂。（廣異記）

豆盧署

豆盧署、本名浦，貞元五年，舉進士下第，將游信安，以文謁郡守鄭式瞻，甚禮之。館給數日稍狎，因謂署曰：「子複姓，不宜兩字為名，將為改之，何如？」署起請且求其所改。式瞻書數字，若署、助、著、者。曰：「吾慮子宗族中有同者，故書數字，子當自擇其名」。宿于館，夢一老人謂曰：「聞使君與子更名，子當四舉成名者，甚佳。後二十年，爲此郡守」。因指郡隙地曰：「此可以建亭臺」。既寤思之，四者、署字也，遂以爲名。既二年，又下第，以爲夢無徵。後二年，果登第。自更名後，四舉也。太和九年，署自秘書少監，爲衢州刺史。既至，周覽郡內，得夢中所指隙地，遂作一亭，名曰徵夢亭。（稗史）

張𨎮

張𨎮自奉天尉將調時，李舍人錡在浙西，兼管鹽鐵。𨎮與之有舊，因往謁，且求資糧。未至，夜夢一人將官告至云

：「張轅知袁州新喻縣令」。轅夢中日：「已曾爲赤尉，不宜爲此」。固不背受。其人日：「兩季之俸，支牒已行，不受何爲」？遂留之而去。轅覺，意惡之。及見錡，具言將選，告以之用。館之數日，將辭去。錡日：「足下選限猶遠，且能爲一職乎？亦可資桂玉之費」。轅不敢讓，因署毘陵郡鹽鐵場官。轅以職卑，而祿又薄，强就之。既至所轄，視其簿書，所用印，乃袁州新喻縣廢印也。以四月領務，九月而罷，兩季之俸，皆如其夢。（稗史）

龐嚴

京兆尹龐嚴，除衢州刺史，到郡數月，忽夢二僧入寢門。嚴不信釋氏，夢中呵之。僧曰：「使君莫怒，予有先知，故來相告耳」。嚴喜問曰：「予爲相乎」？曰：「無爲」。「節制乎」？曰：「無」。曰：「然則當爲何官」？曰：「類廉察，而無兵權。有土地，而不出畿內。過此已往，非吾所知也」。曰：「壽幾何」？曰：「惜哉！所乏者，壽也。向使有壽，則無求不可」。曰：「當何日去」？曰：「來年五月二十三日」。及明年春，先以狀請於廉使元稹，元稹素與嚴厚，必謂得請，行有日矣。其晦日宴客，得元公復書云：「請候交割」。嚴發書曰：「吾固知未可去」。具言夢中

之事於座中，竟以五月二十三日發。後爲京兆尹卒。（稗史）

夢着宋璟衣

李固言、在未第時，嘗夢着宋璟衣。元和十年已後，景時望籍盛，有拜大憲之耗。及景自司刑郎中、出爲澤州刺史，尋又物故。固言心疑其夢。長慶初，穆宗有事于圜丘，時固言居左拾遺。舊例，諫官從駕行禮者，太常各頒禮衣一襲。固言因褰衣，乃見書云「左補闕宋璟衣」。固言自說於班行。（續定命錄）

張宣

杭州臨安縣令張宣，實歷中、自越府曹掾，調授本官。以家在浙東，意求蕭山宰出謁。宣二日前忽夢一女子，年二十餘，修刺來謁。宣素貞介，夢中不與之見。云「某是明邑中之客，安得不相見耶」？宣遂見之。禮貌甚整。曰：「妾有十一口，依在貴境有年矣。今聞明府將至，故來拜謁」。宣因問縣名？女子不言，託疾而退。及覺，不知其詳。忽有札來，補安吉縣令。宣以家事不便，將欲告退。族人曰：「前日所夢一女子，不是安字乎？十一口、非吉字乎？此陰間已定，退之何用」？宣乃笑受之。及秩滿，又將選，時江淮水歉，宣移家河南，固求便地一官，將引家住。又夢前夕女子，顏貌如舊。曰：「明府又當宰妾邑」。宣曰：「某已爲夫人之邑令，豈有再授乎」？女子曰：「妾自明府罷秩，當即遷居今之所止，非舊地也。然往者家屬凋喪略盡，今惟三口爲累耳。明府到後數月，亦當辭去」。言訖，似若悽愴。宣亦未諭。及唱官日，乃得杭州臨安令。宣歎曰：「三口、臨字也。數月而去，吾其憂乎」。到任半年而卒。（稗史）

鄭滂

鄭滂見流輩多已榮達，常有後時之歎。一日忽夢及第，與韋周方同年。時韋氏舉人無周方者，益悶之。太和元年秋，韋弘景尙書廉察陜州，族弟景方赴舉過陜，爲改名周方。滂聞之喜，後果與景方同年。（稗史）

崔龜從

崔龜從未達時，嘗至宣州，夢到一府門，屋宇深大，非人間所有。綠衣吏抱案，龜從揖而問之。綠衣云：「生人簿籍也」。崔問曰：「某未達應舉，請爲一檢」。吏曰：「灼然及第，科名極高，官至此州刺史」。言訖，遂覺。明年，果第。又聯得科目，官至中書舍人，出爲華州刺史。因謂妻曰：「昔夢皆驗，今爲刺史，位至此矣。當爲身後計」。俄除戶部郎，不能會計，出爲宣州觀察使。至日，吏白舊例，長吏到皆祭敬亭神廟。崔公駕謁之。既到，道路門巷，皆如夢中所游處。入門宛然，遂升堂，見西壁有畫着綠衣抱案之吏，即前夢中所見者。歸而怏怏，謂其妻曰：「昔夢綠衣吏云，合至此州刺史，此已任矣」。及旬日，得疾不愈，妻曰：「昔爲游客，尚獲夢。今爲地主，合再祈之」。崔公乃置酒食，進祝之。其夕夢敬亭神自至曰：「大夫疾尋愈，幸無憂」。崔即告本廟吏之詞。神曰：「吏以公當爲此州，偶然

爾。公位極重，不可盡言，自此尚有十四年壽」。言訖，而覺。崔公疾尋差，後皆如其言。時開成四年也。（稗史）

夢佛幡

梁劉仁恭微時，曾夢佛幡於手指飛出。占者曰：「君年四十九，必有旌幢之貴」。後如其言，果為幽帥焉。（北夢瑣言）

冀公貴徵

王冀公、微時，薄游臨川，寄食蔡參政門館。天寒；無被，夜中凍甚，窃入僕魁陳超被中。睡定，超夢有數人叱曰：「宰相睡，何得同牀耶」？即舁之戶外。超驚愕，不敢近冀公。乃取他被蓋之。自此謹待冀公。（稗史）

王播

王播、少貧賤，居揚州，無人知識。唯一軍將常接引供給，無不罄盡。杜僕射在淮南，端午日，盛爲競渡之戲，諸州爭伎樂，兩縣爭勝負，綵樓看棚，照耀江水，數十年未之有也。凡揚州之客，無賢不肖，盡得預焉。唯王公不招惆悵自責。宗人軍將曰：「某有棚，子弟悉在，八郎但於棚內看，却勝居盤筵間也」。王公曰：「唯」！遂往棚。時夏初日方照，宗人令送法酒一樽，曰：「此甚好！適令求得」。王公方憤懣，自酌將盡，棚中日色轉熱，酒濃昏憊，遂就枕。纔睡，夢身在宴處，居杜之坐。判官在下，多於杜公近半。良久驚覺，亦不敢言於人。後爲宰相，將除淮南兼鹽鐵使，敕久未下。王公甚悶，因召舊從事在城者語之曰：「某淮南鹽鐵，此必定矣。當時夢中判官，數多一半，此即幷鹽鐵從事也」。數日，果除到。後偶臨江宴會，賓介皆在，公忽覺如已至者。思之乃昔年夢。風景氣候，無不皆同。時五月上旬也。（逸史）

方通

方通罷官還鄉，夢至政事堂，尙書左丞黃履素、知通，獨起迎語曰：「蕭灑蕭灑」，遂去。通向諸公前語如黃。既寤，莫測也。既而得官校理，滿任得知睦州。是歲、建中元年，黃以疾去久矣。往謝執政范右丞純禮曰：「先公嘗守睦，有蕭灑桐廬郡十詩，桐廬眞蕭灑也」。（稗史）

張韓窮通

嘉靖時，杭人張姓者，自幼爲小商，老而積金四錠，各束以紅線，藏于枕。忽夜夢四人，白衣紅束，前致辭曰：「吾等隨子久，今別子去江頭韓餅家」。覺之，疑索于枕，金亡矣。躊躇太息，之江頭，詢韓，果得之。張告韓曰：「君曾獲金四錠乎」？韓驚曰：「君何以知」？張具道故。韓欣然出金示張，命分其半。張固辭謝，遂出門。韓留觴之，舉一錠，分爲四，各裹餅中，臨行贐之。張受而行。中途值乞者四，求之哀，各濟以餅一。四乞者計曰：「此餅巨而冷，不可食，何不至韓易小而熱者乎」？遂之韓。韓主笑而易之。嗚呼！四金張故物也。三失矣，而復一，猶不當有，盡歸韓。韓張之窮通，何頓異？豈非分定故耶？是乞人也，天使

之也。張業商所獲，自艱辛來，且不能錮留，世有不義之獲，其可享耶？（稗史）

鼎革預兆

清泰中，晉高祖潛龍于幷部也，常一日從容謂賓佐云：「近因晝寢，忽夢若頃年在洛京時，與天子連鑣于路，過舊第，天子請某入其第，其遜讓者數四，不得已，即促轡而入，至廳事下馬，升自阼階，西向而坐。天子已馳車去矣」。其夢如此，羣僚莫敢有所答。是年冬，果有鼎革之事。（玉堂閑話）

潘玠

潘玠自稱，出身得官，必先有夢。與趙自勤同選，俱送名上堂，而官久不出。後玠云：「已作夢，官欲出矣」。夢玠與自勤同謝官，玠在前行，自勤在後。及謝處，玠在東，公在西，相視而笑。其後三日，果官出，玠為御史，自勤為拾遺。同日謝，初引玠在前先行，自勤在後。入朝則玠於東立，自勤於西立，兩人遂相視而笑，如其夢焉。（定命錄）

樊系

員外郎樊系，未應舉前一年，嘗夢及第。榜出，王正卿為榜頭，一榜二十六人。明年方舉，登科之後，果是王正卿為首，人數亦同。系又自校書郎，調選吏部侍郎，達奚珣、深器之，一注金城縣尉，系不受。達奚公云：「校書得金城縣尉，不作，更作何官？」系曰：「不敢嫌畿尉，但此官不是系官」。經月餘，本銓更無闕與換抑令入甲。系又不伏。其時崔異於東銓注涇陽尉，緣是憂闕不授。異尚書崔翹之子，遂別求換一闕。適遇系此官不定，當日榜引，達奚謂云：「不作金城尉，與公改注了！公自云，合得何官？」系云：「夢官合帶陽字」。達奚歎曰：「是命也」！因令唱云，乃

涇陽縣尉。（定命錄）

邢陶

江南大理司直邢陶，癸卯歲，夢人告云：「君當爲涇州刺史」。既而爲宣州涇縣令。考滿，復夢其人告云：「宣州諸縣官人，來春皆替，而君官誥不到」。邢甚惡之。至明年春，罷歸。有薦邢爲水部員外郎，牒下，而所司失去。復請，二十餘日，竟未拜而卒。（稽神錄）

林子元

福州閩清士人林子元，屢應鄉試未登名。淳熙十三年，夢人謂己：「君欲薦選，當俟賢兄來帥七閩可也」。朋友或知之，每相會，輒戲之曰：「令兄已開藩否」？林亦絕意榮望。至慶元年，秋試畢，適報宣城守林蘊之鎮閩，喜謂其友：「吾兄字待問，正與新帥名同，鬼神不吾欺。吾刻日以覬吉報耳」。洎九月二十四日揭榜，林果以詞賦居首選，乃驗。士子得失，固不偶耳。（稗史）

竇相易直

竇相易直、初名秘，家貧，敎授里中。一日風雪暴至，學徒不得歸，宿於陋屋之下，惟竇公寢於榻。深夜夢見一叟，撫公令起曰：「竇秘君後貴壽之極，勉勵自愛」。及德宗幸奉天日，公方舉進士，隨駕騎一蹇驢，人稠路隘，門扇將闔，公懼，勢不可進。聞一人叱驢，兼捶其後，方得疾馳而出。顧見一黑衣卒呼公曰：「秀才以後，莫忘驅進之功」。後得其子提攜，累至大官，富貴榮達。（稗史）

楊循

楊循、天聖中，爲長溪令。夢中忽作詩曰：「月俸蚨錢數甚微，不知從宦幾時歸。東吳一片烟波在，欲問何人買釣

磯」。及寤，心潛異之。明道初，宰華亭，俄丁內艱，遂家于吳中。樂其風俗之美，安而不遷。因悟夢中所作，幾於前定。（稗史）

周冕

中州人士周冕、知名士也。屢舉不第，一夕有神見夢曰：「汝若中時，須待魏尚倫同中」。周覺而求諸庠校中，竟不得其人。後十餘年，乃有一魏尚倫入學。問其業？懵然，自謂無復望矣。其年，周君失科舉，挈魏同告考。周爲魏代草，兩人同得入試，仍加斡旋，得同舍。三場俱周代。其年

，周中本房第一，而魏生亦登科。周至膴仕，魏亦至縣令云云。（稗史）

杜鵬舉

杜相鴻漸之父名鵬舉，父子而似兄弟之名，蓋有由也。鵬舉嘗夢有所之，見一大碑云：是宰相碑，已作者，金塡其字，未者刊名于柱上。問有杜家兒否？曰：有！任自看之。視之，記得姓下有鳥偏傍，曳脚而忘其字，乃名子爲鵬舉。而謂曰：「汝不爲相，世世名字當鳥傍而曳脚也」。鵬舉生鴻漸，而名字亦前定矣。況其官與壽乎？（集話錄）

冥光

太子賓客盧尚書貞猶子爲僧。會昌中沙汰僧徒，斥歸家，以蔭補先王府參軍。一夕，夢爲僧時所奉師來慰問其出處，再三告以佛氏淪破，已無所歸，今爲一官，徒遣旦夕。期再落頂上髮，方畢志願。且泣且訴之良久曰：「若我志果，遂與佛法」。語未竟，見八面屯兵，千乘萬騎，旌旗日月，衣裳錦繡，儀衞四合。眞天子大駕，軍中人喧，喧言迎光王。部整行列，以次前去。盧方駭愕不能測，遽驚覺，魂悸流汗久之，方能言，卒不敢洩於人。無幾，宣宗自光邸祚；錄王府屬吏，盧以例不拘常調格遷叙。自是稍稍興起釋敎，寺宇僧尼舊制，一契夢中語。盧夢中所謂本師，蓋參軍事府王。近師弟子，故以爲冥光。豈神之意以是微而顯乎？（宣室志）

皇甫弘

皇甫弘、應進士舉，華州取解，酒忤於刺。史錢徽，被逐出，至陝州，求解訖，將越城闕，聞錢自華知舉，自知必不中第，遂東歸。行數程，因寢。夢其亡妻乳母曰：「皇甫郎、方應舉，今欲何去」？具言主司有隙。乳母曰：「皇甫郎、須求石婆神」。乃相與去店北草間，行數里，入一小屋中，見破石人，生拜之。乳母曰：「小娘子婿皇甫郎，欲應舉，婆與看得否」？石人點頭曰：「得」！乳母曰：「石婆言得，即必得矣。他日莫忘報賽」！生即拜謝，乳母即送至店門，遂驚覺。曰：「我夢如此分明，安至無驗？乃即入城應舉。錢侍郎意欲挫之，放雜文過，侍郎私心曰：「人皆知我怒弘，今若庭辱之，即不可。但不與及第那得」。又令帖經及榜成將寫，錢心恐懼，欲改一人，換一人，皆未決。反覆籌度，近至五更不睡。謂子弟曰：「汝試取次把一帙舉人文章來。既開，乃皇甫文卷。錢公曰：「此定於天也」。遂不改移。及第東歸，至陝州，問店人曰：「側近有石婆神否」？皆笑曰：「郎君安得知？本頑石一片，牧牛小兒戲爲敲琢似人形狀，謂之石婆耳。只在店二三里」。生乃具酒脯與店人共往，皆夢中經歷處，奠拜石婦而歸。（逸史）

來春及第

柳景知擧年，有國子監明經，失姓名。晝夢倚徙于監門。有一人，負衣囊訪問明經姓氏？明經語之。其人笑曰：「君來春及第」。明經遂邀入長興里、畢羅店常所過處。店外有犬競驚曰：差矣！夢覺，遽呼鄰房數人，語其夢。忽見長與店子入門曰：「郎君與客食畢羅，計二斤，何不計值而去耶」？明經大駭，解衣質之。且隨驗所夢，相其楊器，省如夢中。乃謂店主曰：「我與客俱夢中至是，客豈食乎」？店主驚曰：「初怪客前畢羅悉完，疑其嫌置蒜也」。來春，明經與鄰房三人夢中所訪者，悉上第。（酉陽雜俎）

高元裕

襄陽節度使高元裕，大和三年，任司勳員外郎，寓宿南宮。晝夢有人告曰：「十年作襄刺史」。既寤，髣髴儀質蓋偉秀士也。私異之，因授毫隱語記於廳之東楹掩映之處曰：

「犬三瘖裏刺十年」。洎開成三年爲御史中丞。既踰前夢，遂謂夢固虛耳。是後，出入中外，揚歷貴位，清望碩德，冠冕時流。海內傾注，佇升鼎鉉。視刺裏，乃優賢之舉耳。大中二年，由天官尚書，授鉞漢南，去前夢二十年矣。公謂楹上之字，無復存也。因話其事，好奇之士往詣求焉。自公題記後，廨署補葺，亦屢矣。而毫翰煥然獨存。非神靈扶持，而明徵于今日耶？公因屈指，以今之年，加曩之十，乃二十年矣。何陰騭之顯晦微婉，及期而朗悟之如此哉！（集異記）

馬端敏公被刺

同治九年七月二十七日，馬端敏公被刺。先是，有丹陽某生者，夢見吏役持名單一紙，所錄殆數十人，第一名爲張汶祥，第三名爲馬新貽，而己則在數十名以外。寤而告人，決計不與秋試。未半月，而端敏被刺，某生以是冬十月卒。惟張汶祥名列第一，而死在明二月，咸莫測其故也。端敏騎箕之夕，張子青漕帥，在清江浦，忽夢端敏，以年愚弟名帖來拜。端敏故與漕帥丁未同年也。神色慘澹，久之默然。徐曰，吾事專託同年，拱手而去。未幾，得旨前赴金陵，鞫審凶犯。漕帥至金陵，時以語人，謂凡事莫不有定數云。

是年又有湖州人費以耕，字餘伯者，以鬻畫遊上海，病臥客舍。馬公被刺之日，費忽語人曰：制府馬公，今日已死，一百二十餘年前之案發矣，此案共數十人，吾名亦在其中，不能久居人世矣。越三日而費卒。（庸盦筆記）

蔡齊

宋眞宗策士，夢殿下菜生盛，與殿相齊。及拆卷，第一名，蔡齊也。（稗史）

沙門法稱

宋沙門法稱、臨終日：「有松山人告我，江東劉將軍、應受天命，吾以三十二璧、一餅金爲信」。宋祖聞之，命僧惠義往松山，七日七夜行道，夢有一長鬚翁指示，及覺，分明憶所在，掘而得之。（冥祥記）

夢吞日

僞吳毛貞輔，累爲邑宰，應選之廣陵，夢吞日。既寤，腹猶熱。以問侍御史楊廷式。楊曰：「此夢至大，非君所能當。若以君而言，當得赤烏場官也」。果如其言。（稽神錄）

一 夢飛燕入懷

張說母夢一玉燕，飛入懷中，因而有孕，遂生張說。後為宰相，故有「飛燕投懷」之句。

汪守和

紀文達公云：汪編修守和為諸生時，夢其外祖史主事珥，攜一人同至家，指示之曰：「此我同年紀曉嵐，將來汝師也。」因竊記其衣冠形貌。後以己酉拔貢應廷試，值余閱卷，擢高等授官。來謁時，具述其事，且云：衣冠形貌，與今毫髮不差。以為應夢。迨嘉慶丙辰會試，余為總裁，其卷適送余先閱，復得中

式，殿試以第二人及第。乃知夢為是作也。（閱微草堂筆記）

夢鴨

聞昔有嗜鴨者，每飯必殺生。忽夢一處，有數大池鴨，守者告以：皆君口中物也。醒益自喜，恣殺勿止。後復夢至故處，則一池數鴨而已，遽命勿殺。適有疾，親故饋食，皆鴨也。數之，適符夢中所見，遂驚悸而死。嗟乎！人烏知己鴨之將盡？又烏知鴨盡而己尚不與之俱盡耶？（庸盦筆記）

何恭惠

何純齋、何恭惠公之孫也。言恭惠公官浙江海防同知時，嘗於肩輿中，見有道士跪獻一物，似夢非夢，溴然而醒，道士不知所在？物則宛然在手中，乃一墨晶印章也。辨驗其文，鐫「青宮太保」四字，殊不解其故。後官河南總督，卒於任，特贈太子太保。始悟印章爲神預告也。

按：仕路升沉，改移不一。惟身後飾終之典，乃爲一生之結局。定命錄載：李廻秀自知當爲侍中，而終於兵部尚書，身後仍贈侍中。又載：張守珪自知當爲涼州都督，而終於

括州刺史，身後乃贈涼州都督。知神註祿籍，追贈與實授等也。恭惠公官至總督，而神以贈官告，其亦此意矣。（閱微草堂筆記）

按上所述，皆持之故，言之成理，似「人生在世，一食一宿，莫非前定」者。茲姑不作論評，惟紀文達公引某道士論命之言，較爲客觀而合乎情理，特引之如下：

制府李公衞未達時，嘗同一道士渡江，適有與舟子爭詬者，道士歎息曰：「命在須臾，尚計較數文錢耶？」俄其人爲帆脚所掃，墮江死。李公心異之。

中流風作，舟欲覆，道士禹步誦咒，風止得濟。李公再拜謝更生。道士曰：「適墮江者命也，吾不能救。公貴人也，遇阨得濟，亦命也，吾不能不救，何謝焉？」

李公又拜曰：「領師此訓，吾終身安命矣！」道士曰：「是不盡然！一身之窮達，當安命；不安命，則奔競排軋，無所不至。不知李林甫秦檜，即不傾陷善類，亦作宰相，徒自增罪案耳。至國計民生之利害，則不可言命！天地之生才，朝廷之設官，所以補救氣數也。身握事權，束手而委命，天地何必生此才，朝廷何必設此官乎？晨門曰：『是知其不可而爲之。』諸葛武侯曰：『鞠躬盡瘁死而後已，成敗利鈍，非所逆覩。』此聖賢立命之學，公其識之」。李公謹受教，拜問姓名？道士曰：「言之恐公駭，下舟行數十步，翳然滅迹。昔在會城，李公曾談是事。（閱微草堂筆記）

第十篇　夢遊

倉公夢遊蓬萊

倉公夢遊蓬萊山，見宮室崔嵬，金碧璀璨，光輝射目。忽一童子以杯水進，倉公飲畢，五內寒徹。仰首見殿榜曰：「上池仙舘」。始知所飲，乃上池水也。由是，神於診脉。

（稗史）

桃花夫人示夢

湖南郡縣，往往有桃花夫人廟，蓋祀春秋時息嬀也。長沙某生，偶因遊山，借宿古廟。視其額，則桃花夫人。默念「息嬀不能殉夫，隱忍事仇，爲生二子．縱使終身不言，無補于其失節，而況其未嘗無言也。此等淫祠，安得起狄梁公而毀之。」是夕，某生夢夫人遣使召之，至殿上。夫人服飾古雅，環佩璆然。南面高坐，侍女十餘人，植立兩旁。某生窃視夫人，端麗無匹，而凜若氷霜。謂某生曰：「春秋左氏傳一書，紀事失實，或因傳聞稍誤，而毀人名節者，甚多。汝知之乎？即如我從息侯入楚，不甘受辱，自殺以殉，志節皦然，可表天日。其始而守身如玉，幽餓空宮。繼而徐遭誘脅、屈志爲楚夫人，生有二子者，乃我之姪也。左氏不考其詳，而混我姑姪爲一人，俾我受千古之譏評，豈不冤哉？：：凡吾所述，子之博雅，自能知之，吾所以復言之者，欲子轉告世人，俾知書之不可盡信也。大抵以一人之才智，纂二百餘年，數十國之事，豈能一無舛誤？然被其誣者，則奇冤莫白矣。此左氏晚年，所以有失明之罰也。」夫人舉袖一揮，某生遽醒，歸而檢烈女貞順傳，曰：「楚伐息破之，虜其君，使守門，將妻其夫人，而納之于宮，楚王出遊，夫人遂出宮見息君曰：「人生要一死而已！妾終不以一身更貳醮。生離于地上，豈如死歸于地下哉？」乃作詩曰：「穀則異室，死則同穴，謂余不信，有如皦日」遂自殺。息君亦自殺。楚王賢其夫人守節有義，以諸侯禮合葬之。……某生常以所夢語人，復作文考論其事甚覈。後數年，復夢夫人召之，出彩筆一枝，贈之，曰：「此翰苑筆也，聊贈一枝，以報發潛闡幽之厚意。」是秋果捷鄉試，明年，成進士入翰林。

（庸盦筆記）

邢鳳

元和十年，沈亞之始以記室從事隴西公軍涇州，而長安中賢士，皆來客之。五月十八日，隴西公與客期宴于東池便館。既半，隴西公曰：「余少從邢鳳遊，記得其異，請言之」。客曰：「願聽」！公曰：「鳳帥家子無他能，後寓居長安平康里南，以錢百萬買故豪洞門曲房之第，即其寢而晝偃。夢一美人自西楹來，環步從容，執卷且吟。爲古粧而高鬟，長眉，衣方領，綉帶，被廣袖之襦。鳳大悅曰：「麗者何自而臨我哉」？美人曰：「此妾家也！妾好詩而常綴此」。鳳曰：「幸少留，得觀覽」！於是美人授詩，坐西牀。鳳發卷，視首篇題之曰：「春陽曲終四句」。其後他篇皆類此數十句。美人曰：「君必欲傳，無令過一篇」。鳳即起，從東廡下，几上取彩箋，傳春陽曲。其詞曰：「長安少女玩春陽，何處春陽不斷腸？舞袖弓彎渾忘却，羅帷空度九秋霜」。
鳳卒吟，請曰：「何謂弓彎」？曰：「妾昔年父母使敎妾此舞」。美人乃起，整衣張袖，舞數拍，爲彎弓狀，以示鳳。既罷，美人低頭良久，即辭去。鳳曰：「願復少留」。須臾間竟去。鳳亦尋覺，昏然忘有所記。及更於襟袖得其辭，驚視，復省所夢。事在貞元中。後鳳爲余言如是。是日，監軍使與賓府郡佐、及宴隴西獨孤鉉等皆歎息曰：可記。故亞之退而著錄。

明日，客復有至者，渤海高元中、吳興姚合，亞之因出所記以示之。於是姚合曰：「吾友王生者，元和初夕，夢遊吳，侍吳王久之。聞宮中出輦吹簫擊鼓，言葬西施。王悲悼不止，立詔門客作挽歌詞。生應教為詞曰：「西望吳王闕，雲書鳳字牌。連江起珠帳，擇土葬金釵。滿地紅心草，三層碧玉階。春風無處所，悽恨不勝懷」。詞進，王甚佳之。及寤，能記其事。王生本太原人也。（異聞錄）

李敏求

京兆尹趙郡李敏求、應進士，八就吏部試不利。太和九年秋，旅居宣平里，日晚擁膝愁坐。忽如沉醉，俄而精魂去身。約行六七十里，至一城，府門之外有數百人。忽有一人出拜之。敏求曰：「何人也」？答曰：「某即十年前所使張岸也」。敏求曰：「汝前年從吾旅遊，卒于涇州，何得在此」？對曰：「某自離二十二郎後，事柳十八郎，職甚雄盛，今作太山府君判官。二十二郎既至此，亦須一見。遂于稠人中引入通見。入門，兩廊多有衣冠，或有愁泣者，或白衣者，或執簡板者，或有將通狀者。其服率多慘紫或綠色。既至廳，柳揖與之言曰：「公何爲到此？得非爲他物所誘乎？公宜速去，非久住之所也」！敏求具如此答，柳命吏送出。將去，懇求知將來之事。柳曰：「人生在世，一食一宿，無不前定。所不欲人知者，慮君子不進德修業，小人惰于農耳。

君固欲見，亦不難爾」。乃命一吏，引斂求至東院西有一屋百餘間，從地至屋，書架皆滿文簿籤帖，一一可觀。吏取一卷，唯出三行，其第一行云：「太和二年罷舉」。第二行云：「其年婚姻得伊宰宅錢二十四萬」。其第三行云：「受官于張平子」。餘不復見。斂求既醒，具書于褾帙之間。明年，客遊西京，過時不赴舉。明年遂娶韋氏，韋氏之外親伊宰、將鬻別第，召斂求而售之。因訪所親，得價錢二百萬。伊宰乃以二十萬貺斂求。既而當用之券頭以四萬爲貨，時斂求與萬年尉戶曹善，因請之，卒君用所資，伊亦貺焉，累爲二十四萬。明年以蔭調授河南北縣尉，縣有張平子墓，時說者

失其縣名，以俟知者。（說郛）

南柯夢

開元間、淳于棼、因酒後觸犯主帥，遂去官職，流落揚
州東門居住。宅傍有古槐一株，嘗與賓客縱飲其下。一日醉
臥于此。夢二使者，稱：「是大槐安國王、相邀，將宮主招
你做駙馬。」頃刻，成親，出爲南柯太守。在位二十多年。
所生二女五男，皆配顯宦，極其寵甚。因右相妬他，在國王
處說他，權威太重，暫遣回家。及至醒來，乃是一夢。大槐
安國，就是古槐根傍一穴。穴內有一窩馬蟻，國王就是蟻王

。南柯群、即槐樹向南一小枝也。

夢遊地獄

山東某生者，老儒也。以授徒爲業，博通今古。性鯁直，好任俠，見世間有不平事，則眥裂髮指。少時讀左氏春秋及史記，至楚穆王事，輒拍案呼曰：「嗟乎！商臣罪惡如此，而獲保首領，子孫有楚國者數百年，尙得爲有天道乎？」至爲廢食泣下。其後讀史至不平之事，輒鬱鬱不樂，搔首問天。或飲酒至醉，頹然就枕，鼾聲如雷。

一日方寢，忽見一吏役，持柬來邀，不覺隨之至一處，宮殿巍峨，門卒若已預知，謂吏役曰：「王已坐殿相俟矣。吏役引某生入殿，見一古衣冠者，南面坐，白鬚赤顏，左右侍立者，數十人。儀仗如王者。吏引某生行參謁禮，王者以手招之，使隅坐於旁。謂某生曰：「汝好善惡惡之心，誠屬可嘉！然汝每讀書，輒呼天道無知，使汝徒見之，灰其為善之心，而長其為惡之膽。殊不知，造物之理，因人善惡，或本身受其報，或子孫受其報，變化萬殊，不可執一。若夫汝所不平之事，固有罪大惡極，而身享榮華，慶流子孫者。非特汝為之不平，即千古人心，皆為之不平。今非借汝之口，不足以播告世人，故特召汝，一遊地獄。

某生懼曰：「某生平，無大罪孽，應不至入地獄。惟遇憤激不平之事，每呼天道無知，則有之。請從此力改！」

王者笑曰：「非欲汝常在地獄，今遣判官，導汝一觀，即送還陽矣。」

判官請曰：「地獄寒氣慘烈，銷鑠元神，非授以辟冷丹，恐遂不能還陽。」王者付以二紅丸，判官以一粒銜之於口，一粒授某生銜之。導至後園，地面有大石板，判官命鬼卒，舁去之。俯視洞穴黝黑如漆，穴有石磴，判官與某生拾級而下，高呼開門。則見兩石門豁然洞開，陰風撲面如刀割。門內亦有光，與風雪陰晦之天相似。鬼卒倚門而立，皆突目獠牙，形狀可怖。內有牢獄十餘所，鎖錮嚴密。某生入觀之，判官曰：「此爲第一層地獄，凡罪孽較輕者，與下層地獄，罪孽將滿，而減等者，居之。數百年後，便可出獄。不必觀也。導至空曠處，復有一石板，鬼卒仍舁去之。石磴石門及監牢十餘所，皆與前無異。如此，旋繞而下，凡經十八層。愈下，愈冷，漸不可耐。幸口銜紅丸，勉强支持。某生瑟縮不前，謂判官曰：「吾不能復下矣！」判官曰：「此爲最下一層地獄，無復有冷于此者，汝可放心。」

因導觀各獄，鬼卒以鑰開獄門，其一曰：「暴賊之獄」，入其中，則裸身反接者，數百人。鬼卒或鋸其項，或剝其皮，或斷其足。一鬼卒提五首，梟之長竿。判官曰：「此乃朱粲、黃巢、秦宗權、李自成、張獻忠也。凡殺一人者，必使飲刃一次；殺十人者，使飲刃十次。其餘，皆各如所施于人者，以報之。五賊殺人最多，今在此，每日必斬首一次，明日合其尸首，灌以續命湯，則復活，乃復斬之。每年斬首三百六十次。然巢賊殺人八百萬，獻賊殺人千餘萬，以一人一日抵之，其罪限正無窮也。」

某生曰：「白起自長平坑卒四十萬外，節次殺人，復不下四十餘萬，今其魂何在？」判官曰：「彼居此，二千餘年，罪孽甫滿，今出獄，不久耳」。

復導觀「逆子之獄」。則見鐵架排列，數百人，皆裸身反接，倒懸架上。鬼卒以驢糞雜穢水澆之，自踵至頂，淋漓腥臭，令人難耐。及水將滴盡，則復澆之。架上皆有牌標姓名。某生多不省識。惟見楚商臣、匈奴冒頓單于、吳孫皓、宋元凶劭，及其弟濬皆在焉。

判官曰：「凡人富貴，皆前定，商臣即不弒父，亦可得楚國。陰律，凡獲罪而及身未受其報者，罰加倍焉。子孫未受其報者，罰又加倍焉。商臣爲楚君時，尙無過惡，又在此年代久遠，本可赦至第十七層地獄。然彼得保首領，而子孫又昌熾數百年，茲所以罰愈久也。

問：「孫皓豈嘗弒父母乎？」判官曰：「以弒其叔母朱太后也。」

又遙見一小室，有鐵柵，四面冰雪瑩然，一人單衣，躑躅於其中，口噤項縮，呼曰：甚寒！判官曰：「此隋煬帝也。凡曾爲一統天子者，未便施之以刑，但使千百萬年，在此寒冷之中，其苦不減于受刑也。

又導觀逆臣之獄」，多有三代以前姓名，某生不暇諦視。但就其可記憶者，則寒促、陳乞、陳恒、華督、王莽、董卓、司馬懿、司馬昭、石虎、蕭道成、蕭鸞、高澄、高洋、侯景、武三思、安祿山、李希烈、朱溫、石敬瑭、吳拜、吳儔范瓊、胡少虎、崔立、皆在焉。每數十人，共荷一長枷。復桎其手，梏其足，鉗其口。稍一轉動，則互相牽掣。判官曰：「此輩生前，皆喜專擅權勢，故死後束縛拘困，使不得自由。

某生曰：「曹操之惡，不減司馬懿，胡不在此？」判官曰：「曹操罪惡甚多，然芟刈羣雄，使生民不罹兵革，其功亦稍足相抵，且享國未久，其子孫爲司馬懿所魚肉，受報已慘，故在第七層地獄。若司馬懿、陰險過于曹操，專以狐媚得天下，東西晉享國至一百六十年。雖其時，變亂頻生，仍覺便宜太甚，故受罰于死後倍酷也。」又聞：夷羿、趙鞅、田和、王鳳、梁冀、孫琳、王敦、桓溫、王世充、史思明、在此上一層，即第十七層獄也。

又望見氷室兩處，如隋煬帝所居。判官指之曰：「此爲隋文帝，此明永樂皇帝也。夫隋文帝、毫無功德，欺外孫，以篡其國，而殺機深險，至盡滅宇文氏之族。明之燕王，不過吳王濞、趙王倫之徒，僥倖篡奪，而屠戮忠良，用心慘刻，絕無人理。此二人，自隋明既亡之後，拘到此間。隋文帝陰毒尤甚，故使坐針棘之上。每一動，則痛徹心骨。燕王罪孽尤重，故其氷室四旁，獨置糞缸百餘，俾萬古薰蒸于惡臭之中，罪亦酷矣。」言未已，陡遇腥風一陣，濁臭難忍。某生幾至嘔吐．亟掩鼻，疾趨而過。

忽聞冰室中呼曰：「某生救我！我往時一趁雄心，罪惡滔天，後悔無及。所尤難受者，此百餘缸，皆係臟糞，臭氣沁我心脾。子其爲我偏告世人，世上多一人知，我亦得早一日離此也。」判官笑謂某生曰：「燕王至此方悔，已晚矣。」

生未及答，忽聞左邊呼痛聲甚慘，則隋文帝也。遙視其室，則四周皆以赤棘爲藩，針長數寸，令人心悸。

又導觀「讒佞姦臣之獄」，人數不下數千。某生所記憶者：則潘崇、費無極、豎牛、伯嚭、郭開、江充、主父偃、息夫躬、賈充、蕭遙光、元詔、王偉、虞慶則、楊素、李義府、許敬宗、周興、來俊臣、李林甫、高尙、盧杞、柳璨、呂惠卿、章惇、蔡確、蔡卞、邢恕、蔡京、王時雍、徐秉哲、黃潛善、汪伯彥、張俊、万俟卨、韓侂胄、賈似道、胡惟庸、陳瑛、石亨、焦芳、江彬、嚴嵩、嚴世蕃、趙文華、魏廣微、顧秉謙、溫體仁、崔呈秀、許顯純、楊嗣昌、馬士英、阮大鋮、皆在焉。大抵割舌、斷腕之罰，爲最多。以其好用筆舌陷人也。亦每日一次。鬼卒各執一氣筒，以生氣煦之，則復連續。

某生問：「秦檜何在？」判官曰：「此人跪在岳墓前

，使萬目昭彰，衆口唾罵，且日飲過客之溺，數十百次，厥味無奇不有，使彼嘔逆眩暈，奇苦萬狀，亦姦臣受罰之變格也。

又導觀「淫妬悍逆婦人之獄」，則園圃一大區，其中多毒蛇、猛獸、惡鳥、而人數不下萬餘。鬼卒皆褫其衣，以陳醋灌其背，諸鳥獸聞臭味即來，或吞或啄，明日隨鳥獸糞溺而出。鬼卒復以氣筒吹之，須臾，復變爲人形，則復爲鳥獸所食，循環不窮。聞妹喜、妲己、褒姒、趙合德等，皆在其中，而未及覩。有兩婦，匍匐階下，忽有豹來，餂破其腹，先食其腸胃臟腑，再食其身體。判官曰：「此晉之賈后、及明天啓乳母客氏也。復指一大醲甕，有一人浸在酒中，掩面啜泣，腥臭難近。判官曰：「此唐之武后也。此甕，即彼浸死王皇后之甕，陰司收其甕與酒之餘魄，積年愈久，酒愈臭敗，今已隔千餘年，故腥穢若此。武后常浸此中，每閱三日，有一蟒、一虺、一梟、輪流食之，食而復生，終不離此甕。」一某生曰：「王皇后、何在？」判官曰：「上帝憐其質直柔婉，慘遭殘虐，已列名仙籍矣。」

導過獄門，歷過「酷吏之獄」、「逃將之獄」、「貪夫之獄」、「悍僕之獄」、「猾隷之獄」、「陋醫之獄」、「奸商之獄」。判官謂某生曰：「汝來此已久，恐不耐冷，無庸一一細觀矣。」

又過「淫賊之獄」，「兇僧之獄」。某生曰：「此中最著名者何人？」判官曰：「淫賊以北齊主高湛、金主完顏亮，受罰為最重。兇僧以楊璉、眞伽、姚廣孝，受罰為最重。」

最後過「奸商之獄」，聞內有號聲甚厲。判官曰：「此魏忠賢、方受炮烙之刑也。」問：「此中尚有何人？」則云：「趙高、曹節、李輔國、仇士良、王振、劉瑾、皆在焉。」

于是，周覽既畢，判官導由原路，旋繞而上，至第三層，適過一「逆子之獄」。判官曰：「此中亦有一冰室。」某生問：「何人？」判官曰：「唐宣宗皇帝也。」某生曰：「宣宗乃害賢主，何以在此？」判官曰：「以其弒嫡母郭太后也。」

且宣宗以瑣屑治天下，不達大體，始兆衰亂，何賢之有？」頃之，已至殿上。王者笑曰：「汝來此，頗曾識見否？」某生曰：「某今始知，天道之果不爽也。」王者命吏役，送還其家。為吏所推，一跌而醒。則去已半日矣。覺寒冷特甚，亟煮薑湯飲之。數日始復常度。某生常語門人：「姤婦之獄，未見呂后。或者在十七層以上，惜未一問判官也。」

（庸盦筆記）

邯鄲夢

開元間、盧生因舉進士，落第還家，至邯鄲縣，投入客邸，煮黃粱飯吃。盧生身體困倦，思想要睡。店中適有一道人，授以磁枕，盧生舒被就枕，矇矓睡去。見朱門大開，信步而入，有佳人相約結婚。成親之後，就去赴選，得中狀元，授翰林之職。與宰相李林甫不合，出爲陝州知州。奉命開河有功，陞爲御史中丞，兼征西大將軍。領兵出師，得功奏捷，封爲定西侯，進吏部尚書。又被李林甫排陷，貶竄嶺南。及李林甫被誅，復詔還朝，尊爲上相，加封趙國公。享壽八十有餘，一病而終。驚醒來時，方知是夢。盧生歎曰：「榮華富貴，五十餘年，不過片時，夢裏黃粱，猶未熟也」。

（稗史）

櫻桃青衣

天寶初，有范陽盧子、在都應舉，頻年不第。漸窘迫，嘗暮乘驢遊行。見一精舍，中有僧開講，聽徒甚衆。盧子方詣講筵，倦寢，夢至精舍門，見一青衣，攜一籃櫻桃，在下坐。盧子訪其誰？因與青衣同餐櫻桃。青衣云：「娘子姓盧，嫁崔家，今孀居在城」。因訪近屬，即盧子再從姑也。青衣曰：「豈有阿姑同在一都，郎君不往起居」？盧子便隨之。過天津橋，入水南坊。有一宅，門甚高大。盧子立于門下，青衣先入。少頃，有四人出門，與盧子相見，皆姑之子也。一任戶部郎中，一前任鄭州司馬，一任河南功曹，一任太常博士。二人衣緋，二人衣綠，形貌甚美。相見言敘，頗極歡暢。斯須，引入北堂拜姑，姑衣紫衣，年可六十許，言詞高朗，威嚴甚肅。盧子畏懼，莫敢仰視。令坐，悉訪內外，備諳氏族。遂訪兒婚姻未？盧子曰：「未」。姑曰：「吾有一外甥女子，姓鄭早孤，遺吾妹鞠養，甚有容質，頗有令淑，當為兒平章，計必允遂」。盧子遽即拜謝。乃遣迎鄭氏妹。有頃，一家並到，車馬甚盛。遂檢歷擇日云：「後日大吉」。因與盧子定謝。姑云：「聘財函信禮席，兒並莫憂，吾悉與處。兒有在城何親故？並抄名姓并家第凡三十餘家，並在臺省及府縣官，明日下函。其夕成結，事事華盛，殆非人間。明日，拜席大會都城親表，拜席畢，遂入一院。院中屏帷牀席，皆極珍異。其妻年可十四五，容色美麗，宛若神仙。盧生心不勝喜，遂忘家屬。俄又及秋試之時，姑曰：「禮部侍郎，與姑有親，必合極力，更勿憂也。明春，遂擢第。又應宏詞。姑曰：「吏部侍郎與兒子弟當家連官，情分偏洽。令渠爲兒，必取高第」。及榜出，又登甲科，授秘書郎。姑云：「河南尹是姑堂外甥，令渠奏畿縣尉，數月敕授王屋尉，遷監察，轉殿中拜吏部員外郎，判南曹，銓畢除郎中，餘如故知制誥。數月，即眞遷禮部侍郎，兩載知擧，賞鑒平允，朝廷稱之。改河南尹。旋屬車駕還京，遷兵部侍郎，扈從到京，除京兆尹，改吏部侍郎。三年掌銓，甚有美譽，遂拜黃門侍郎平章事。恩渥綢繆，賞賜甚厚。作相五年，因直諫忤旨，改左僕射，罷知政事。數月，爲東都留守河南尹，兼御使大夫。自婚媾後至是，經二十年，有七男三女，婚宦俱畢，內外諸孫十人。後因出行，却到昔年逢攜櫻桃青衣精舍門，復見其中有講筵，遂下馬禮謁，以故相之尊，處端揆居守之重，前後導從，頗極貴盛。高目簡貴，輝映左右。升殿禮佛，忽然昏醉，良久不起。耳中聞講僧唱云：「檀越何久不起」？忽然夢覺，乃見著白衫服飾如故，前後官吏一人，亦無徊遑迷惑。徐徐出門，乃見小竪捉驢執帽在門外立。謂盧曰：「人驢幷饑，郎君何久不出」？盧訪其時？奴曰：「日向午矣」。盧子罔然歎曰：「人世榮華窮達富貴貧賤，亦當然也。而今而後，不更求官達矣。遂尋仙訪道，絕跡人世矣。（太平廣記）

劉道濟

光化中，有文士劉道濟，止於天台山國淸寺，嘗夢見一女子，引生入窗下，有側柏樹葵花，遂爲伉儷。後頻于夢中相遇，自不曉其故。無何，於明州奉化縣古寺內，見有一窗，側柏葵花，宛若夢中所遊。有一客官人寄寓於此，室女有美才，貧而未聘，近中心疾、而生所遇，乃女之魂也。又有彭城劉生，夢入一倡樓，與諸輩狎飲。爾後，但夢便及彼處。自疑非夢所遇之姬，芳香常襲衣，亦心邪所致。聞於劉山甫也。（北夢瑣言）

沈亞之

太和初，沈亞之、將之邠，出長安城，客索泉邸舍。春時晝夢入秦宮，內史廖舉亞之，秦主召至殿前・膝前席曰：「寡人欲强國，願知其方，先生何以教寡人」？亞之以昆彭、齊桓對。公悅，遂試補中涓（秦宮），使佐西乞術、伐河西（晉秦郊）。亞之帥將卒前攻下五城，還報。公大悅。起勞曰：「大夫良苦，休矣」！居久之，公幼女弄玉壻蕭史先死。公謂亞之曰：「微大夫，晉五城非寡人有，甚德大夫，寡人有愛女，而欲與大夫備洒掃，可乎」？亞之少自立，雅不欲遇幸臣蓄之，固辭，不得請。拜左庶長尚公主，賜金二百斤，民間猶謂蕭家公主。其日，有黃衣人中貴，疾騎馬來，延亞之入宮闕。甚嚴呼公主出。鬒髮著偏袖衣裝不多飾，其芳殊明媚，筆不可模樣。侍女祇承分立左右者數百人。召見亞之，便館居亞之。於宮題其門曰：「翠微宮」。宮人呼爲沈郎。院雖備位下大夫，綠公主故出入禁衛。公主喜鳳簫，每吹簫，必翠微宮高樓上，聲調遠逸，能悲人，聞者莫不自廢。公主七月七日生，亞之當無睨壽，內史廖曾爲秦以女樂遺西戎，戎主與之水犀小合，亞之從廖得以獻公主。主悅賞愛，重結裙帶上。穆公遇亞之，禮兼同列，恩賜相望於道。復一年春，公之始平，公主忽無疾卒。公追傷不已。將葬咸陽原，公命亞之作挽歌。應教而作曰：「泣葬一枝紅，生同死不同。金鈿墜芳草，香繡滿春風。舊日聞簫處，高樓當月中。梨花寒食夜，深閉翠微宮」。進公，公讀詞善之。時宮中有出聲，若不忍者，公隨泣下。又使亞之作墓誌銘。獨憶其銘曰：「白楊風哭兮石甃髯莎，雜英滿地兮春色烟和。珠愁粉瘦兮不生綺羅。深深埋玉兮其恨如何」？亞之亦送葬咸陽原，宮中十四人殉。亞之以悼悵過感，被病猶在翠微宮。然處殿外特室，不宮中矣。

居月餘，病良已。公謂亞之曰：「本以小女相託久要，不謂不得周奉君子而先物故。弊秦區區小國，不足辱大夫，然寡人每見子，即不能不悲悼，大夫盍適大國乎」？亞之對曰：「臣無狀，待罪右庶長，不能從死公主，君免罪戾，使得歸骨父母國，臣不忘君恩，如日將去」。公追酒高會，聲秦聲，舞秦舞。舞者擊髆附髀，嗚嗚而音，有不快聲甚怨。

公執酒亞之前曰：「壽！予顧此聲少善，願沈郎賡揚歌以塞別」。公命趣進筆硯。亞之受命，立爲歌，辭曰：「擊體舞恨滿，烟光無處所。淚如雨欲擬，著詞不成語。金鳳銜紅舊繡衣，幾度宮中同看舞。人間春日正歡樂，日暮東風何處去」。歌卒，舞者雜其聲而道之，四座皆泣。既再拜辭去。公復命至翠微宮，與公主侍人別。重入殿內時，見珠翠遺碎青階下，窗紗檀點依然。宮人泣對亞之。亞之感咽良久，因題宮門詩曰：「君王多感放東歸，從此秦宮不復期。春景自傷秦喪主，落花如雨淚燕脂」。竟別去，命車駕送出函谷關。出關已，送吏曰：「公命盡此，且去」。亞之與別，語未卒，忽驚覺，臥邸舍。

明日，亞之爲友人崔九萬具道之。九萬博陵人，諳古，謂余曰：「皇覽云，秦穆公葬雍槖泉、祈年宮下，非其神靈憑乎」？亞之更求得秦時地志，說如九萬言。嗚呼！弄玉既仙矣，惡又死乎？（異聞集）

侯生

上谷侯生者，家於荆門，以明經入仕，調補宋州虞城縣。初娶南陽韓氏女五年矣。韓氏嘗夕夢黃衣者數輩召出其門，偕東行十餘里，至一官署，其字下列吏卒數十輩，軒宇華壯，人物極衆。又引至一院，有一青衣，危冠方屨，狀甚峻峙。左右者數百，几案茵席，羅列前後。韓氏再拜。俄一婦人年二十許，身長豐麗，衣碧襦絳袖，以金玉釵爲首飾。自門而來，稱盧氏。謂韓氏曰：「妾與子仇敵且久矣。子知之乎？」韓氏曰：「妾一女子，未嘗出深閨，安得有仇敵耶？」盧氏色甚怒曰：「我前身嘗爲職官，子誣告我罪而代之，使吾擯斥草野而死，豈非仇敵乎？今我訴於上帝，且欲雪前身冤。帝從吾請，汝之死不朝夕矣。」韓氏益懼，欲以詞拒，而盧氏喋喋不已。青衣者謂盧氏曰：「汝之冤誠如是矣！然韓氏固未當死，不可爲也。」遂令吏出案牘。吏曰：「韓氏餘壽一年。」靑衣曰：「可疾遣歸，無久留也！」命送至門，行未數里，忽悸而寤。惡之，不敢言。自是神色摧沮，若有疾者。侯生訊之，具以夢告。

後數月，韓氏又夢盧氏者至其家，謂韓氏曰：「子將死矣！」韓氏驚寤。由是疾益加，歲餘遂卒。侯生竊歎異，未嘗告於人。後數年旅遊襄漢；途次富水，郡僚蘭陵蕭甘，慕生之善，以女妻之。及蕭氏歸，常衣絳袖碧襦，以金玉釵爲首飾，而又身長豐麗，與韓氏先夢同。生因以韓氏之夢告焉。蕭氏聞之，甚不樂曰：「妾外族虞氏，妾自孩提時爲伯舅見念，命爲己女，故以盧爲小字。則君亡室之夢信矣。（宣

室志）

周謁

湘湖有大校周謁者，居常與同門生烟好最厚。每以時人不能理命，致不肖子爭財紛訴，列於訟庭，慨此爲鑑，乃相約曰：「吾徒他年勿遵其轍！倘有不諱，先須區分，俾其不露醜惡，貽責後人也。」他日同門生奉職襄邸，一夕周校夢見揮霍告訴曰：「姨夫！姨夫！某前言已乖，今爲異物矣。昨在通衢，急風所中，已至不救。但念家事，今且歸來，略要處理。」周校忽然驚覺，通夕不寐。遲明抵其家說之，家

人亦夢。不旬日凶聞至矣。自是傳靈語，均財產，戒子辭妻，言善意勸，殆一月而去，不復再來。（北夢瑣言）

鄭就

壽春屠者鄭就，家至貧，常夢一人，自稱廉頗，謂己曰：「可就屋東掘地，取吾寶劍，當令汝富。然不得改舊業。」就如其言，果獲之，踰年遂富。後洩其事，於是失劍。（稽神錄）

李進士

有進士姓李，忘記名，嘗夢見數人即追隨去，至一城入門，有廳室宇宏壯，初不見人。李逕升堂側坐牀角。忽有一人持杖擊己罵云：「何物新鬼？敢坐王牀。」李逕走出。頃之，門內傳聲「王出！」因見紫衣人昇坐所，由引領入。王問：「其何故盜妹夫錢？」初不之悟。王曰：「汝與他賣馬，合得二十七千。汝須臾取三十千，此非盜耶？」須臾，見緋人至，爲李陳謝：「此人尚有命，未合即留住，但令送錢還耳！」王限十五日計會不了當更追對。李既覺，爲夢是誕事，理不足信。後十餘日，有磨鏡人至其家，自云善占，家人使占有驗，競以白李。李親至其所問云：「何物小人？誑惑諸下。」磨鏡者怒云：「賣馬糴貲，王令計會，今限欲滿，不還一錢。王即追君，君何敢罵國士也。」李驚怪是夢中事，因拜謝之。問：「何由知此？」磨鏡云：「昨朱衣相救者是君曾祖，恐君更被追，所以令我相報。」李言：「妹夫已死，錢無還所。」磨鏡云：「但施貧丐及散諸寺，云爲亡妹夫施，則可矣。如言散錢，亦不追也。」（廣異記）

朱拯

僞吳玉山主簿朱拯，赴選至揚州，夢入官署堂上，一紫衣正坐，旁一綠衣紫衣起揖曰：「君當以十千錢見與。」拯拜許諾，遂寤。頃之，補安福令。既至，謁城隍神，廟宇神像，皆如夢中。其神座後屋漏梁壞。拯歎曰：「十千豈非此耶？」即以私財葺之，費如數。（稽神錄）

夢遊冥司

宋清遠先生言：昔在王坦齋先生學幕時，一友言夢遊至冥司。見衣冠數十人，累累入，冥王詰責良久，又累累出。各有愧恨之色。偶見一吏，似相識，而不記姓名。試揖之，亦相答。因問：「此並何人？作此形狀。」吏笑曰：「君亦居幕府，其中豈無一故交耶？」曰：「僕但兩次佐學幕，未人有司署也。」吏曰：「然則眞不知矣，此所謂四救先生者也。」問：「四救何義？」曰：「佐幕者，有相傳口訣：曰救生不救死，救官不救民，救大不救小，救舊不救新。救生不救死者，死者已死，斷無可救。生者尚生，又殺以抵命，是多死一人。故寧委曲以出之，而死者含冤與否，則非所計也。救官不救民者，上控之案，使冤得申，則官之禍福不可測。使不得申，即反坐不過軍流耳。而官之枉斷與否，則非所計也。救大不救小者，罪歸上官，則權愈重，譴愈重，且牽累必多。罪歸微官，則責任輕者，罰可輕，且歸結較易。而小官之當罪與否，則非所計也。救舊不救新者，舊官已去，有所未了，羈留之，恐不能償。新官方來，有所委卸，强抑之，尚可以辦。其新官之能堪與否，則非所計也。是皆以君子之心，行忠厚長者之事，非有所求取，巧為舞文。亦非有所恩仇，私相報復。然人情百態，事變萬端，原不能執一而論。苟堅持此例，則矯枉過甚，顧此失彼，本造福而造孽。本弭事而反釀事，亦往往有之。今日所鞠，即以此貽禍者。」問：「其果報何如乎？」曰：「種瓜得瓜，種豆得豆，夙孽牽纏，因緣終湊。未來生中，不過亦遇四救先生，列諸四不救而已矣。」俯仰之間，霍然忽醒，莫明其入夢之故。豈神明或假以告人歟？（閱微草堂筆記）

李星

紀文達公云：魂與魄交而成夢，究不能明其所以然。先兄晴湖，嘗咏高唐神女事曰：「他人夢見我，我固不得知；我夢見他人，人又焉知之？孱王自幻想，神女寧幽期？如何巫山上，雲雨今猶疑。」足爲瑤姬雪謗。然實有見人之夢者：奴子李星，嘗月夜村外納涼，遙見鄰家少婦，掩映棗林間，以爲守圃防盜，恐其翁姑及夫或同在，不敢與語。俄見其循塍西行半里許，入秫叢中，疑其有所期會，益不敢近，僅遠望之。俄見穿秫叢出行數步，阻水而返。痴立良久，又循水北行百餘步，阻泥濘又返。折而東北入豆田，詰屈行，顚躓者再，知其迷路。乃遙呼曰：「幾嫂！深夜往何處？迤北無路，更且陷淖內矣！」婦回顧應曰：「我不能出，幾郎可領我還！」急赴之，已無睹矣。知爲遇鬼，心驚骨慄，狂奔歸家，乃見婦與其母，坐門外牆下，言：適紡倦睡去，夢至林野中，迷不能出，聞幾郎在後喚我，乃霍然醒。與星所見，一一相符。蓋疲困之極，神不守舍，眞陽飛越，遂至魂魄與形離。是即鬼類，與神識起滅自生幻象者不同。故人或得而見之。獨孤生之夢遊，正此類耳。（閱微草堂筆記）

唐師蔚芝夢遊詩經館記

戊午冬至日，門人劉玉陔等，邀余午飯，已微醺矣。同人吳君叔鼇、復邀余夜飯。至則沈君叔逵等皆在焉。暢叙逕醉歸，遂臥。夢至一處，若滬上味蒓園然。四圍短牆，余意中以爲是五經館也。甫入內，覺樓臺殿閣，崢嶸無數。門左有門者數人曰：「唐先生來矣！」恍惚有人導余行。後復有踵至者曰：「請先入詩經館政治門！」余問：「詩經分門若干？」導行者則曰：「政治門在樂歌門之旁。」遂至一處，覺似北向，屋五大楹，輝煌金碧。東牆懸隸書數幅，則四牡皇華詩也。余遂入東廳室，見牆懸一聯云：「有馮有翼，有孝有德；不競不絿，不剛不柔。」導者指示之曰：「此政治學也。」余贊歎曰：「此眞天然佳聯！」導行者曰：「先生喜對聯，可召掌衛風者來！」俄一女子入，全身皆白絹衣，胸前有金繡衛風二字。余漫謂之曰：「汝善對乎？」女子曰：「然！」余曰：「吾醉矣，既醉以酒，既飽以德。」女子應曰：「毋逝我梁，毋發我笱。」余訖曰：「此夢境耶？我當以夢事屬題。」即曰「維熊維羆，維虺維蛇。」女子應曰：「如金如錫，如圭如璧。」余恍惚欲有以難之，漫然曰：「我有一極難之對，汝必不能矣。」即曰：「弗躬弗親，庶民弗信。」女子向余一笑曰：「是不難！『不忮不求，何用不臧。』」余大佩服。方贊歎間。女子曰：「我有一事，請質先生：『豈不爾思，遠莫致之』，即論語所引：『豈不爾思，室是遠而』之意。胡孔子一刪之，一存之乎？」余於此詩實未究心，忽留然曰：「女子不能歸寧，其情眞，朋友不能過從，其詞僞。一眞而一僞，聖人所以一刪之，一存之，見立心之貴乎誠也。」女子頷首曰然！當是時，余聞四面皆歌詩聲，恍惚如聞「在公載燕」四字，音節特淸楚。余歎曰：「美哉！人間能得幾回聞？」即遽然而醒。亟追憶之，始悟女子所言，皆豳風也。歸以禀家大人，謂斯地也，殆即瑯嬛福地

歟？斯人也，豈即康成詩婢歟？越十餘日，此夢尚盤旋於胸中不能去，因屬筆記之。（茹經堂文集）

夫事有難以思議者，余生平所至之處，類皆已事先夢遊，迨身歷其境，宛若重遊舊地，亭臺樓閣，遊息處所，均似曾舊相識。尤以初到西昌行轅，及台灣警備總司令部、中國文化學院等服務單位時，耳聞目擊，與夢中所見，完全符合，洵異事也。

第十一篇 同夢

三夢記

人之夢，異於常者有之；或彼夢有所往，而此遇之者；或此有所為，而彼夢之者；或兩相通夢者。天后時，劉幽求為朝邑丞，常奉使夜歸，未及十餘里，適有佛堂院，路出其側，聞寺中歌笑歡洽，寺垣短缺，盡得覩其中。劉俯身窺之，見十數人，兒女雜坐，羅列盤饌，環繞之而共食。見其妻在坐中語笑，劉初愕然，不測其故。久之，且思其不當至此，復不能捨之，又熟視容止言笑無異。將就之，寺門閉不得入。劉擲瓦擊之，中其罍，洗破迸走散，因忽不見。劉踰垣直入，與從者同視殿廡，皆無人。寺扃如故。劉訝益甚。遂馳歸。比至其家，妻方寢，聞劉至，乃敍寒暄訖。妻笑曰：「向夢中與數十人遊一寺，皆不相識。會食於殿庭，有人自外以瓦礫投之，杯盤狼藉，因而遂覺。劉亦具陳其見。蓋所謂：「彼夢有所往，而此遇之也」。

元和四年，河南元微之、為監察御史，奉使劍外，去踰旬，予與仲兄樂天、隴西李杓直、同遊曲江，詣慈恩佛舍，徧歷僧院，淹留移時。日已晚，同詣杓直修行里第，命酒對酬，甚歡暢。兄停杯久之，曰：「微之當達梁矣」。命題一篇於屋壁，其詞曰：「春來無計破春愁，醉折花枝作酒籌。忽憶故人天際去，計程今日到梁州」。實二十一日也。十許日，會梁州使適至，獲微之書一函，後寄紀夢詩一篇，其詞曰：「夢君兄弟曲江頭，也入慈恩院裏遊。屬使喚人排馬去，覺來身在故梁州」。日月與遊詩日月率同。蓋所謂：「此有所爲，而彼夢之者矣」。

貞元中，扶風竇質，與京兆韋旬、同自亳入秦，宿潼關逆旅。竇夢至華岳祠，見一女巫，黑而長，青裙素襦，迎路拜揖，請爲之祝神。竇不獲已，遂聽之。問其姓？自稱趙氏。及覺，具告於韋。明日至祠下，有巫迎客，容質妝服，皆所夢也。顧謂韋曰：「夢有徵也」。乃命從者視囊中，得錢二鐶與之。巫撫掌大笑，謂同輩曰：「如所夢矣」。韋驚問之？對曰：「昨夢二人從東來，一髯而短者，祝酹獲錢二鐶焉。及旦，乃徧述於同輩，今則驗矣」。寶因問巫之姓氏？同輩曰：趙氏。自始及末，若合符契。蓋所謂：「兩相通夢者矣」。

行簡曰：「春秋及子史，言夢者多，然未有載此三夢者也。世人之夢，亦衆矣，亦未有此三夢，豈偶然也？抑亦必前定也？予不能知，今備記其事，以存錄焉」。（太平廣記

唐白行簡）

覃鸞、胡鍼

孟蜀工部侍郎劉義度，判雲安日，有押衙覃鸞，夢與友人胡鍼、同在官署廳前，見有數人引入劉公，則五木備體，孑然音旨，說理分解，似有三五人對。久而方退于行廊下坐。見進食者，皆是鮮血。覃因問旁人，答曰：「公為斷刑錯誤所致，追來亦數日矣」。遂覺。及早，見胡鍼話之，鍼曰：「余昨夜所夜，一與君同，豈非同夢乎？」因共秘之。劉公其日果吟感懷詩十韻，其一首曰：「昨日方髽髻，如今滿

頭髯。紫閣無心戀，青山有意潛」。今其詩皆刻于石上。人皆訝其詩意，不數日而卒。豈非斷刑之有錯誤乎？（野人閒話）

李梢雲夫婦

隴西李梢雲、范陽盧若虛女壻也。性誕率輕肆，好縱酒聚飲。其妻一夜夢，捕梢雲等輩十數人，雜以娼妓，悉被髮肉袒，以長索繫之，連驅而去，號泣顧其妻別。驚覺，淚沾枕席，因爲說之。而梢雲亦夢之，正相符會，因大畏惡。遂棄斷葷血，持金剛經，數請僧齋，三年無他。後以夢滋不驗，稍自縱忥。因會中友人，逼以酒炙，梢雲無檢，遂縱酒肉如初。明年上巳，與李蒙、裴士、南粱褒等十餘人，泛舟曲江中，盛選長安名娼，大縱歌妓。酒正酣，舟覆，盡皆溺死。（廣異記）

張生夫婦

有張生者，家在汴州中牟縣東北赤城坂，以饑寒，一旦別妻子，遊河朔，五年方還。自河朔還汴州，晚出鄭州門，到板橋，已昏黑矣。乃下道取坡中，逕路而歸。忽於草莽中見燈火熒煌，賓客五六人方宴飲次，生乃下驢以詣之。相去十餘步，見其妻亦在坐中，與賓客談笑方洽。生乃蔽形于白楊樹間，以窺之。見有長鬚者，持杯請措大夫人歌。生之妻、文學之家，幼學詩書，甚有篇詠，欲不爲唱，四座勤請。乃歌曰：「歎衰草絡緯聲切切，良人一去不復還。今夕坐愁鬢如雪」。長鬚云：「勞歌一杯」。飲訖，酒至白面年少，復請歌。張妻曰：「一之謂甚，其可再乎」？長鬚持一籌筋云：「請置觥，有拒請歌者，飲一鍾。于是張妻又歌曰：「勸君酒，君莫辭。落花徒繞枝，流水無返期。莫恃少年時，少年能幾時」？酒至紫衣者，復持杯請歌。張妻不悅，沈吟良久，乃歌曰：「怨空闈，秋日亦難暮。夫壻斷音書，遙天雁空度」。酒至黑衣胡人，復請歌。張妻連唱三四曲，聲氣不續，沉吟未唱間，長鬚抛觥云：「不合推辭」，乃酌一鍾。張妻涕泣而飲，復唱送胡人酒曰：「切切夕風急，露滋庭草濕。良人去不回，焉知掩閨泣」。酒至綠衣少年，持杯曰：「夜已久，恐不得從容，即當睽索，無辭一曲，便望歌之」。又唱云：「螢火穿白楊，悲風入荒草。遺是夢中遊，愁迷故園道」。酒至張妻，長鬚歌以送之曰：「花前始相見，花下又相送。何必言夢中，人生盡如夢」。酒至紫衣胡人，復請歌云：「須有艷意」。張妻低頭未唱間，長鬚又抛一觥。于是張生怒捫足下，得一瓦，擊之，中長鬚頭。再發一瓦，中妻頷，忽然無所見。張生謂其妻已卒，痛哭連夜而歸。及明，至門，家人驚喜出迎。君問其妻？婢僕曰：「娘子夜來頭痛」。張君入室，問其妻病之由？曰：「昨夜夢草莽之處，有六七人，遍令飲酒，各請歌。孥凡歌六七曲，有長鬚者頻拋觥。方飲次，外有發瓦來，第二中孥額，因驚覺，乃頭痛」。張君因知昨夜所見，乃妻夢也。（纂異記）

玄宗、掌門者

玄宗夢入井，有一兵士著緋　背負而出。明日，使於兵號中尋訪，總無此人。又於苑中搜訪，見一掌關着緋褌，便引見。上問：「汝昨夜作何夢」？對曰：「從井中背負日出登天」。上覩其形狀，與夢相似。乃問：「汝欲官乎」？對曰：「臣不解作官，臣家貧」。遂敕賜錢五百千。（定命錄）

夢虎頭

唐李勝美、拜荆州太守，忽夢己首乃虎首。次日悶坐不語。妻問曰：「相公敢是夢虎首嗎？」勝美驚問曰：「夫人何以知之？」妻曰：「我昨夜夢梳粧，對鏡照見妾頭，是虎頭，妾之歡也。古云：君乃龍，臣乃虎，必有封贈。」不旬日朝果爲君矣，妻賜誥命。

徐精夫婦

晉咸和初，徐精遠行，夢與妻寢，有身。明年歸，妻果產，如其言矣。（幽明錄）

獨孤遐叔夫婦

貞元中進士獨孤遐叔，家于長安崇賢里，新娶白氏女，家貧下第，將遊劍南，與其妻訣曰：「遲可周歲歸矣」。遐叔至蜀，羈栖不偶，逾二年乃歸。至鄠縣西，去城尚百里，歸心迫速，欲是夕及家。趨斜徑疾行，人畜既殆。至金光門五六里，天已暝，絕無逆旅，唯路隅有佛堂，遐叔止焉。時近清明，月色如晝，繫驢于庭外，入空堂中，有桃杏十餘株。夜深施衾幬于西窗下偃臥。方思明晨到家，因吟舊詩曰：「近家心轉切，不敢問來人」。至夜分不寐，忽聞牆外有十餘人相呼聲，若里胥田叟，將有供待迎接。須臾，有夫役數人，各持畚箕箒于庭中。糞除訖，復去。有頃，又持牀席牙盤燭炬之類，及酒具樂器闐咽而至。遐叔意謂，貴族賞會，深慮爲其斥逐。乃潛伏屏氣於佛堂梁上伺之。鋪陳既畢，復有公子女郎，共十數輩，青衣黃頭亦十數人，步月徐來，言笑宴宴，遂于筵中間坐，獻酬縱橫，履舄交錯。有一女郎，憂傷摧悴，側身下坐。風韻若似遐叔之妻。窺之，大驚。即下屋袱稍于暗處，迫而察焉，乃眞是妻也。方一見少年，舉盃矚之曰：「一人向隅，滿坐不樂。小人竊不自量，願聞金玉之聲」。其妻寃抑悲愁，若無所控訴，而強置于坐也。遂舉金雀，收泣而歌曰：「今夕何夕，存耶沒耶？良人去兮天之涯，園樹傷心兮，三見花」。滿座傾聽，諸女郎轉而揮涕。一人曰：「良人非遠，何天涯之謂乎」？少年相顧大笑。遐叔驚怪久之，計無所出。乃就階陛間，捫一大磚，向坐飛擊。磚遂至地，悄然亦無所有。遐叔悵然悲惋，謂其妻死矣。速驚而歸。前望其家，步步悽咽。比平明，至其所居，使蒼頭先入，家人並無恙。遐叔乃驚愕，疾走入門，青衣報娘子夢魘，方寤。遐叔至寢，妻臥猶未興。良久乃曰：「向夢與姑姊之黨，相與玩月。出金光門外，向一野寺。忽爲凶暴者數十輩，脇與雜坐飲酒」。又說夢中聚會言語，與遐叔所見並同。又云：「方飲次，忽見大磚飛墜，因遂驚魘殆絕，纔寤而君至。豈幽憤之所感耶」？（河東記）

國家圖書館出版品預行編目資料

異夢選編 / 毛鵬基編著. -- 初版. -- 臺北市：蘭臺, 2012.12

面；公分. -- (蘭臺國學研究叢刊. 第一輯；3)

ISBN：978-986-6231-49-0（平裝）

1. 占夢 2. 解夢

292.92　　　　　　101022749

蘭臺國學研究叢刊 第一輯 3

異夢選編

著　　者：毛鵬基
編　　輯：郭鎧銘
封面設計：鄭荷婷
出 版 者：蘭臺出版社
發　　行：蘭臺出版社
地　　址：台北市中正區重慶南路1段121號8樓之14
電　　話：(02)2331-1675或(02)2331-1691
傳　　真：(02)2382-6225
E—MAIL：books5w@yahoo.com.tw或books5w@gmail.com
網路書店：http://store.pchome.com.tw/yesbooks/
http://www.5w.com.tw/lanti/
http://www.5w.com.tw、華文網路書店、三民書局
總 經 銷：成信文化事業股份有限公司
劃撥戶名：蘭臺出版社　帳號：18995335
網路書店：博客來網路書店 http://www.books.com.tw
香港代理：香港聯合零售有限公司
地　　址：香港新界大蒲汀麗路36號中華商務印刷大樓
C&C Building, 36,Ting, Lai, Road, Tai,Po, New,Territories
電　　話：(852)2150-2100　　傳真：(852)2356-0735
出版日期：2012年12月 初版
定　　價：新臺幣1200元整（精裝）
ISBN：978-986-6231-49-0
套書定價：新臺幣12000元整（精裝）
ISBN：978-986-6231-56-8